ALEXANDER GIESE

MURATORËT E LIRË
MASONËT

HYRJE

Shqipëroi Shpëtim Redo

RADICAL MULTIMEDIA, 2011

Titulli i origjinalit: Die Freimaurer – Eine Einführung

Shqipëroi: Shpëtim Redo
Redaktore: Ornela Musabelliu-Kiçi
Kopertina: Arben Myftari

Shtëpia botuese "Radical Multimedia"
ISBN: 978-9928-4006-4-2

Të drejtat e botimit në shqip:
Radical Multimedia/RL Books
www.rlbooks.eu

Falënderime dhe mirënjohje të thellë fondacionit "Lutz Huber Stiftung" (Lozha e Madhe e Austrisë) që mundësoi përkthimin dhe botimin e këtij libri.

*"Tipari kryesor i Muratorëve të Lirë është
liria e brendshme; një liri e virtyteve, liri në të
cilën secili merr si dëshmitar e gjykatës vetëm
ndërgjegjen e tij dhe zotin."*

Johann Gottlieb Fichte

Përmbajtja

PARATHËNIE

Çfarë është Muratoria e Lirë?

Mbi Muratorinë e Lirë ndoshta keni lexuar ose dëgjuar diçka, qoftë kjo edhe në formë thashethemesh. Do t'ju lutesha që për një moment të lini mënjanë e të harroni paragjykimet që mund të keni dhe të lexoni me vëmendje rreshtat e mëposhtëm.

Muratoria e Lirë nuk është as fe, as kishë, as sekt, as parti politike dhe as shoqëri konspirative. Është një bashkësi burrash me emër dhe nam të mirë.

Me siguri do pyesni: kush është pikësynimi i saj? Ç'qëllim ka? Po jua tregoj. Ka si qëllim të edukojë Burra me ndjenjën e humanizmit dhe tolerancës. Megjithatë, për t'ia arritur kësaj, Muratoria e Lirë nuk ka as program, as urdhëresa dhe as mësime fetare. Në librin që keni në duar, botuar fillimisht në gjuhën gjermane, jam munduar të shpjegoj paraqitjen e jashtme dhe disa nuanca të vogla historike të Muratorisë së Lirë. Por, megjithatë, Muratoria e Lirë, në kuptimin më të mirë të fjalës, është shumë globale dhe përmbledhë rreth 50 000 Lozha, në të gjitha anët e botës. Meqenëse e njerëzishmja dhe toleranca ende s'gjejnë hapësirë në vendet diktatoriale të planetit, Muratoria e Lirë nuk ekziston atje. Kjo, pikërisht në këto vende ku duhet të ishte e domosdoshme dhe sa më parë.

Muratori i Lirë, që mundohet të jetojë me ndjenjën e humanizmit në shpirt, i çmon anëtarët e të gjitha Lozhave kudo nëpër botë si miqtë dhe vëllezërit e tij. Njëkohësisht, ai trajtohet e pranohet si mik dhe vëlla nga të gjithë Muratorët e Lirë të botës.

Për t'iu mundësuar një shikim në efektshmërinë dhe brendësinë e një lozhe, pa bërë aspak ndonjë tradhti për fshehtësitë e saj, po ju tregoj se ç'kam mësuar në të:

Kam mësuar të dëgjoj. Kam mësuar të dëgjoj edhe atëherë kur të tjerët kanë pasur opinione dhe mendime në kundërshtim me opinionet e mia. Vazhdimisht mundohem të shikoj në vetvete se çfarë paragjykimesh më kanë mbetur ende. Mundohem që si në rrethin familjar, ashtu edhe në atë të punës problemet që dalin t'i zgjidh në mënyrë humane. Jam kundër dhunës. Përveç gjithë këtyre, në Muratorinë e Lirë kam fituar një numër të pafund shokësh, prej të cilëve kam mësuar shumë. Në këto rrethe miqsh argumentohet dhe askush nuk grindet me njëri-tjetrin. Aty kam gjetur hapësirë për lirinë, njerëzoren dhe paqen. Por, le t'i kthehemi edhe një herë titullit të kësaj parathënieje të vogël:

Çfarë është Muratoria e Lirë? Shpresoj që tashmë t'i jem përgjigjur kësaj pyetjeje. Megjithatë dëshiroj të jem pak më i qartë: Muratoria e Lirë e shikon gjithë njerëzimin si një familje të vetme. Dramaturgu i parë që ka nxjerrë kombi gjerman, Gothold Efaraim Lesing (Gotthold Ephraim Lessing), në dialogun e tij, "Ernst & Falk", thotë: "Po të mos ekzistonte, Muratoria e Lirë duhej zbuluar patjetër".

Juaji Aleksander GIESE

I. Kush është Muratori i Lirë?

Pra, kush është një Murator i Lirë? Një burrë që i përket shoqatës së Muratorëve të Lirë? A është i mjaftueshëm ky përkufizim? Jo! Personalitete tepër të njohura kanë dhënë përgjigje dhe përkufizime të ndryshme. Për këtë janë shkruar libra të tëra për të shpjeguar çfarë është e çfarë nuk është Muratoria e Lirë.

Në bisedën për dhe mbi Muratorët e Lirë, "Ernst & Falk", poeti, filozofi, dramaturgu, publicisti dhe kritiku gjerman i artit të periudhës së iluminizmit, Gotthold Ephraim Lessings, shkruan: "Muratoria e Lirë nuk është diçka arbitrare ose e panevojshme, por një domosdoshmëri që i ka rrënjët në qenien njerëzore dhe shoqërinë qytetare".

Pra, Muratoria e Lirë është një lëndë që i përket çdo shtetasi ose, e thënë ndryshe, që i përket çdonjërit nga ne. Johan Gotfrid Herder (Johann Gottfried Herder), një filozof tjetër gjerman, i çon më tej idetë e Lesing, duke e quajtur Lidhjen e Muratorëve të Lirë një shoqëri "të dukshme dhe të padukshme". Johan Gotlib Fihte (Johan Gottlieb Fichte), një tjetër filozof gjerman, shkroi "Gjashtëmbëdhjetë letra për Kostancën", publikim i cili u konsiderua si një filozofi e Muratorisë së Lirë. Edhe

Fridrih Shlegel (Friedrich Schlegel) (filozof, kritik, historian i letërsisë dhe përkthyes) ka shkruar për filozofinë e Muratorisë së Lirë. Të gjitha këto shkrime nuk janë bërë shumë të njohura, megjithëse kanë dalë nga penat e filozofëve klasikë gjermanë, por ndoshta për këtë arsye nuk janë bërë dhe aq të njohura. Ndërkohë mund të mendohet që konkluzionet e nxjerra nga këta filozofë të mëdhenj duhej të mjaftonin. Nga ana tjetër do të ish e udhës që kundërshtarët e Muratorisë së Lirë të lexonin pikërisht këto shkrime. Por, siç duket, nuk ndodh kështu. Shumë njerëz kërkojnë me ngulm "sekretin" e Muratorëve të Lirë, por nuk e kërkojnë atje ku duhet dhe ku mund ta gjejnë.

Njerëzit natyrisht që e kërkojnë të vërtetën në anën e dukshme të gjërave, por kjo nuk do të thotë që mund ta gjejnë vetëm aty. Aty mund të gjejnë vetëm një pjesë të saj.

Përse janë kaq të huaj për njerëzimin Muratorët e Lirë? Në takimet e tyre nuk mund të marrin pjesë ata që s'janë anëtarë të vëllazërisë. Muratorët e Lirë janë të heshtur. Kanë traditat e tyre, të cilat, për dikë që nuk është pjesë e vëllazërisë, duken paksa të çuditshme. Muratorët e Lirë kanë shekuj që ndjekin me këmbëngulje këto tradita. Kanë simbolet e tyre të veçanta dhe shenjat e tyre njohëse, që i ruajnë me fshehtësinë më të madhe. Të gjitha këto çka thamë më sipër mbeten arsye të mjaftueshme që si në të kaluarën, ashtu edhe sot, Muratorët e Lirë të shihen me një sy të dyshimtë.

A i tremben dritës? Përse i tremben publikut ata që bota i ka njohur herët si "Ndriçuesit e njerëzimit" dhe si "Zbuluesit e së vërtetës"? Meqenëse Muratorët e Lirë mendojnë dhe punojnë me ndershmëri e për të mirën e njerëzimit, përse u dashka të fshihen? Arsyetime, fajësime, mendime dhe dyshime të tilla ka pasur gjithmonë kundër tyre. Muratoria e Lirë është parë gjithnjë si një shoqëri sekrete.

Shpeshherë është akuzuar si autorja e atentateve, komploteve dhe intrigave të ndryshme. Muratorët e Lirë janë mbajtur si persona që kanë influencuar në politikë, ekonomi dhe në kulturën e vendeve të ndryshme të botës. Për shekuj me radhë, Muratoria e Lirë është akuzuar si përgjegjëse për kryengritje e revolucione të ndryshme dhe herë-herë është arritur deri atje sa të fajësohet për vrasje e asgjësime.

Nga ana tjetër, anëtarët e kësaj lidhjeje kanë qenë pa dyshim burrat më të mëdhenj e më të njohur që kanë nxjerrë kombet e tyre në mbarë botën, duke filluar nga Xhorxh Uashingtoni (George Washington); Johan Volfgag von Gëte (Johan Wolfgag von Goethe); Aleksandër Fleming (Alexander Fleming); zbuluesi i penicilinës, Herri Djunënt (Harry Dunant), themelues i "Kryqit të Kuq", Gustav Stresmen (Gustav Streseman); Aristid Brion (Aristide Briand), që me marrëveshjen "Kellogg-Pakt" tentoi të afrojë Gjermaninë e Francën; Frederiku II (Mbreti i Prusisë); Franci I (Perandori romako-gjerman); Volfang Amadeus Moxart, (Wolfang Amadeus Moxart); Alfred Herman Frid (Nobelist i Paqes); një pjesë e madhe e presidentëve amerikanë etj. Lista e personaliteteve botërore që kanë qenë Muratorë të Lirë do të kërkonte një libër më vete.

Kjo situatë është paksa paradoksale në dukje. Si është e mundur që kjo lidhje ka pasur për anëtarë personalitete të tilla dhe nga ana tjetër është parë gjithmonë si një lidhje sekrete e rrezikshme? Është parë dhe do të shihet gjithmonë si e rrezikshme nga të gjitha ato shtete apo kombe, që kanë pasur ose kanë regjime autoritare ose-ose që kanë krijuar paragjykimet e tyre bazuar në opinionin e Kishës Katolike të Romës.

Shtetet autoritare, diktaturat apo teokraturat me ligjet e tyre kanë vendosur gjithmonë mbi fatet dhe të drejtat e njerëzve. Një gjë e tillë është e papranueshme për Muratorët e Lirë. Liria e mendimit, e veprimit, të drejtat e njeriut, ushtrimi i të gjitha normave dhe formave demokratike kanë qenë dhe do të jenë kurdoherë detyrat e Muratorëve të Lirë, të drejta që janë mbështetur dhe mbrojtur fort prej tyre. Ndjekja me vendosmëri e atyre që thamë më lart i kanë vënë Muratorët e Lirë, me dashje apo jo, shpeshherë dhe në shumë vende në konflikte me regjimet që mendojnë e veprojnë në mënyrë autoritare ose dogmatike, para situatash të papranueshme.

Si pasojë, shpesh janë fajësuar se kanë minuar "fronin dhe altarin". Por, nga ana tjetër, duhet ditur që anëtarë të Lozhave kanë qenë edhe janë pjesëtarë të familjeve mbretërore angleze apo vendeve të tjera skandinave. Për Musolinin dhe Hitlerin, ishin Muratorët e Lirë ata që iniciuan komplotin e viteve 1930-1940. Hitleri shkonte dhe më tej duke thënë se "Muratorët e Lirë, hebrenjtë dhe bolshevikët së bashku duan të shkatërrojnë botën". Por ishin vetë bolshevikët ata që, sa erdhën në fuqi në Rusi, ndaluan Muratorinë e Lirë.

Riti i Muratorëve të Lirë është bazuar pjesë-pjesë në persona dhe ndodhi, skicime dhe pasqyrime nga Dhiata e Vjetër, e cila është, gjithashtu, një gur themeli i dy besimeve botërore. Hebrenjtë themeluan lidhjen e tyre të burrave, e cila ishte vetëm për hebrenjtë: "B'nai B'rith". Në disa vende islamike edhe sot e kësaj dite Muratoria e

Lirë është e ndaluar, sepse Muratorët e Lirë janë kundër fondamentalizmit.

Në vende të ndryshme të botës, lëvizje të grupeve të shumëllojshme nacionaliste i cilësojnë Muratorët e Lirë kozmopolitë, por shkojnë edhe më tutje duke thënë se Muratorët e Lirë janë tradhtarë të kombeve të tyre. Jo vetëm në të shkuarën, por dhe tani mendime të tilla janë plotësisht të gabuara. Gebhard Lebereht Bluher (Gebhard Leberecht Blucher) gjen-marshall gjerman në luftën kundër Napoleonit; një gjeneral tjetër gjerman Gerhard fon Sharnhorst (Gerhard von Scharnhorst); Xhuzepe Garibaldi, si dhe shumë të tjerë, të gjithë heronj që luftuan për kombet e tyre, kanë qenë Muratorë të Lirë. Pjesa dërmuese e patriotëve më të mëdhenj dhe të shquar të kombeve të tyre ishin Muratorë të Lirë.

Informacione të tilla në kohët e sotme po qartësojnë më shumë se përgjithësimet mbi Muratorinë e Lirë, apo edhe vetë përgjithësimet janë të gabuara?! Vendimmarrje të shpejta, të pabazuara në fakte mbi këtë shoqëri interesante, shpesh kanë bërë të mundur që kjo shoqëri të shihet në një optikë të shtrembër. Është e rekomandueshme dhe më me vlerë që të bëhet një hyrje në historinë dhe zakonet e Muratorëve të Lirë. Për sqarim, por dhe për njohjen më të mirë të kësaj Lidhjeje, "rrëfimi" është paksa i vështirë, pasi të nevojitet vërtetë të jesh objektiv, sepse Muratoria e Lirë nuk mund të përshkruhet; ajo vetëm përjetohet.

Muratoria e Lirë bazohet në përjetimet personale të anëtarëve të kësaj lidhjeje, në ato që përjetojnë kur bëhen pjesë, siç janë: mendimet, veprimet, ndjenjat ose përjetimet e tyre. "Vlera" e një Muratori të Lirë përbëhet nga ai vetë, nga konfigurimi i tij si njeri-simbol dhe nga ajo që bën në jetë, bazuar në zakonet dhe traditat e Muratorisë së Lirë. Johan Volfgang fon Gëte (Johan Wolfgang von Goethe) e sqaron një detyrë të tillë me dy fjalë: "Mendo dhe vepro".

Çdo Murator i Lirë ka mendimin e tij mbi Lidhjen dhe, në mënyrë subjektive, dëshiron ta njohë. Është e vështirë të japësh një sqarim subjektiv për Muratorinë e Lirë; atë vetëm mund ta provosh.

Kush bëhet Murator i Lirë?

Çdo burrë mund të bëhet! Por, jo çdo burrë arrin të bëhet! Burrat kanë parametra që duhen plotësuar e, për të vazhduar më tej me lojën e fjalëve, Muratoria e Lirë nuk do të ishte punë e çdo burri. Çdo burrë mund të bëhet Murator i Lirë, nëse është një njeri i lirë, ka emër e nam të mirë dhe gëzon respekt në shoqëri e kudo. Kaq thjesht është formuluar kjo fjalë nga themeluesit e Lozhës së Madhe së Anglisë në vitin 1717. Në atë kohë, "i lirë" ishte ai që nuk varej nga kurrkush tjetër, që nuk kishte borxhe, që vendoste vetë mbi veten dhe fatin e tij. Ndërsa, për sa i përket emrit të mirë, atë duhet ta fitonte.

Sot, fjala "liri" ka një kuptim tjetër. Për çfarë duhet të përdoret termi "i lirë" sot? Kush dëshiron të bëhet Murator i Lirë duhet të jetë i lirë, i çliruar nga paragjykimet dhe anët negative, ta ndiejë veten të lirë, të pranojë rregullat dhe ligjet e bashkësisë ku bën pjesë, duke mos humbur asgjë nga personaliteti i tij. Njerëz të paditur, njerëz që nuk janë të aftë apo nuk duan të mësojnë, ekstremistë, njerëz që përdorin dhunën dhe njerëz egocentrikë, asnjëherë nuk kërkojnë dhe madje nuk duan të bëhen Muratorë të Lirë.

Që të bëhesh Murator i Lirë duhet të jesh i hapur në mendime, të kesh përvojë jetësore, sjellje të mira sociale e të respektosh të tjerët. Ai që kërkon të bëhet Murator i Lirë kërkon burra si vetja, që ndajnë të njëjtat mendime, me të cilët dëshiron të lidhë një shoqëri e vëllazëri të përjetshme.

Ky burrë do të jetë "i lirë" të vendosë vetë në mënyrë të pavarur për jetën e tij të re. A është e mundur që me hyrjen në Lidhje dikush të "rilindë"? Kjo nuk është aq e rëndësishme, por e rëndësishme është të theksohet se "do ta ketë vetë në dorë për të filluar një "jetë të re". "Pagëzimi" (momenti i pranimit në Lidhje) edhe te Muratoria e Lirë ka të bëjë me një lloj "Rilindjeje". Pra, është një fillim i ri.

Themeluesit e Lozhës së Madhe së Londrës nuk e kishin aq të lehtë, sepse epoka e viteve 1700 njihet si e trazuar. Grindjet për motive fetare, vjedhjet e vrasjet, shtypja dhe komplotet ishin pjesë e pandarë e shoqërisë së atëhershme. Ndryshimet e mëdha ndërmjet klasës së pasur dhe asaj të varfër e bënin të pamundur besimin ndërmjet palëve. Prandaj nuk është për t'u çuditur që Muratorët e Lirë, të cilët formuan Lozhën e Madhe e Londrës, ishin burra me emër e me nam të mirë, të nderuar, që, në të njëjtën kohë, kërkonin edhe prej të tjerëve që pranoheshin në Lidhje të mos debatonin për tema që mund të diskutoheshin edhe në kafene, debate të cilat, shpeshherë, shkaktonin sherre dhe grindje pa fund.

Ishin të mendimit se njerëzit si për politikën, por aq dhe për fenë, nuk mund të jenë në të njëjtin mendim, ndaj tema të tilla nuk diskutoheshin në Lozha. Kjo traditë po vazhdon ende dhe sot. Politika, qoftë ajo që e ka zanafillën në tempujt e fesë (kisha, sinagoga apo xhami), qoftë dhe ajo ditore (e orientuar nga qeverisja) nuk kanë vend për t'u diskutuar në Lozha. Sigurisht që ka qenë dhe është disi e pamundur të ndalohet rreptësisht diçka e tillë, sepse Muratorët e Lirë janë anëtarë aktivë dhe pasivë të institucioneve fetare, partive, shoqërive e qytetarë të një shteti dhe, si rrjedhim, interesohen për të gjitha proceset jetësore të vendit të tyre. Politika dhe feja janë pjesë e pandarë dhe vendimtare në jetën e tyre të përditshme. Edhe sikur të ndodhë që të diskutohen tema të tilla në Lozhë, sjellja dhe mënyra se si Muratorët e Lirë e perceptojnë ndryshon shumë nga mënyra e atyre që nuk janë Muratorë të Lirë.

Biseda me bazë argumentesh është e mirëpritur nga çdo Murator i Lirë. Grindjet dhe debatet që sjellin sherr, dialogët agresivë, që krijojnë vetëm kundërshtarë ose armiq, nuk i pranon asnjë Murator i Lirë. Lozha është vend i harmonisë, vendi ku mbizotëron vlerësimi dhe respekti i ndërsjellët. Toleranca e harmonia, për të cilat do të flasim më vonë, janë qëllimi i Lozhës.

Gjatë shekujve XVII dhe XVIII, Muratorët e Lirë ishin të mendimit se, duke ndaluar diskutimin e këtyre temave tepër të rëndësishme, siç janë politika dhe feja, do të krijonin një ambient ku grindjet dhe mëritë s'kishin vend. Kjo periudhë, që, ndër të tjera, sot e njohim edhe si periudha e lulëzimit të racionalizmit, e bëri akoma dhe më të vështirë ndalimin e debateve politike apo fetare nëpër Lozha. Herë pas here, aspektet politike apo fetare kanë dominuar jo vetëm jetën e Muratorëve të Lirë, por dhe atë të Lozhave.

Që të mund të ruhen mirë gurët e themelit të Muratorisë së Lirë duhet që, brenda Lozhës, njeriu i lirë, njeriu i nderuar, t'i mbajë larg duart si nga politika, ashtu edhe nga feja. Këtë e tregon si zhvillimi i ngjarjeve, ashtu edhe krijimi i degëve të ndryshme të Muratorisë së Lirë. Në ditët e sotme ekzistojnë formacione të ndryshme të Muratorëve të Lirë, duke filluar nga ato të rregulltat e deri te liberalet, fetaret etj. Siç ka qenë dhe është zakon, pas çdo formimi të një grupimi të ri, secili nga fraksionet e mban veten për më të mirin dhe më seriozin.

Gjithsesi, edhe pse gjatë historikut të saj Muratoria e Lirë ka pasur zhvillime të tilla, ajo ka mbetur ende një rrymë kryesore dhe e fuqishme, që ka dhënë efektet e veta. Kështu, për gjithë sa thamë më lart, te Muratoria e Lirë vlerësojmë vëllazërimin e dashurinë për njerëzimin dhe shoqërinë e përjetshme. Muratoria e Lirë nuk është sistem monolitik. Muratorët e Lirë njohin disa lloje sistemesh. Ka sisteme të ndryshme Lozhash, si dhe rituale të ndryshme. Po ashtu, simbolet përkatëse nuk kanë përherë dhe në çdo vend të njëjtin kuptim. Pra, siç vërehet edhe këtu, mund të ketë diferenca të vogla.

Ka sisteme të frymëzuara sipas natyrës muratorike, si gradat (shkallët) e ndryshme, deri në 33 dhe më shumë, ku ia vlen të theksohet mirë se për anëtarin gradat simbolizojnë stacionet e arritura të jetës. E rëndësishme është të përmendet se, në mbarë botën, Muratoria e Lirë është e përbërë nga të ashtuquajturat Lozhat e Shën Gjonit, Lozhat Blu, të cilat kanë si bazë 3 Grada: 1- Nxënës, 2 - Zejtar (Punëtori i kualifikuar) dhe 3 - Mjeshtër.

Sisteme të ndryshme. Kjo do të thotë se teza kryesore që lidh Muratorët e Lirë, sado sisteme të ndryshme mund të ndjekin, është si të arrihet vëllazërimi dhe harmonia për të gjithë njerëzit. Edhe diçka tjetër mbetet e përbashkët në këtë mes: Muratorët e Lirë mendojnë se për të përmirësuar shoqëritë ku jetojmë është e domosdoshme t'ia fillojnë nga vetja, pra në radhë të parë të përmirësojnë veten. Sipas mendimit të Muratorëve të Lirë, bota nuk mund të përmirësohet vetëm me ligje dhe rregulla.

Një Murator i Lirë, Jurgen Holtorf, autor gjerman, e ka përcaktuar mirë kur ka përkufizuar Muratorinë e Lirë si një "intrigë për të mirë". Dhe në të vërtetë, Lozha është e hapur për çdo njeri me dëshirë e vullnet të mirë. Në disa sisteme, guri i themelit të ritualeve është krishterimi, ndërsa në disa të tjera humanizmi. Kjo është ajo që Vëllezërit Muratorë të Lirë dëshirojnë të arrijnë. Lozha i ka dyert e hapura për të gjithë besimtarët e ndryshëm, pa dallim klase, race e rangu. Diskutimet mbi dogmat e ideologjitë refuzohen kategorikisht nga Muratorët e Lirë.

Pra, kush mund të bëhet Murator i Lirë? Një zotëri që kundërshton çdo lloj ekstremizmi dhe që dëshiron "të njohë vetveten". Si pasojë e gjithënjohjes së saj, ai do arrijë ta zotërojë vetveten apo ta ndryshojë qenien e tij. Me ndryshim nënkuptohet (ashtu siç e përdorin edhe alkimistët në gjuhën e tyre) kalimi nga një lëndë e papërpunuar në një krijesë të pastër e të kulluar, në kuptimin figurativ të fjalës. Me fjalë të tjera, duke u kthyer sërish te alkimistët, të shndërrosh bakrin në flori.

Secili nga ne, që ka sado pak përvojë jetësore, e di sa e vështirë është të njohësh veten. Shpeshherë një proces i tillë ngelet vetëm në teori, sepse të zbulosh vetveten, në të vërtetë, është ana teorike e çështjes. Ana praktike e kësaj kërkese mjaft të lartë që njeriu i vendos vetes qëndron në sjelljen e tij, në përmbajtjen e veprimeve të tij. Të dish të përmbahesh do të thotë të plotësosh një nga virtytet më të larta të Muratorisë së Lirë apo dhe të njerëzimit në përgjithësi. Ai zotëri që shpall si qëllim të luftojë veprimet negative dhe paragjykimet ndaj të tjerëve i ka të gjitha premisat për t'u bërë një Murator i Lirë i mirë. Kjo është një rrugë e gjatë. Bazuar në çfarë u theksua më lart, çdo Murator i Lirë është vazhdimisht në kërkim. Termi "kërkim" përdoret në mënyrë specifike në Muratorinë e Lirë për atë person që dëshiron të bëhet anëtar i Lozhës, pra ky person quhet Kërkues (ose Kandidat).

Ku qëndron ndryshimi mes Muratorisë së Lirë dhe Lidhjeve (shoqërive) të tjera Burrërore?

Shpeshherë sot përflitet se Muratoria e Lirë është një shoqatë si të gjitha shoqatat e tjera. Kjo edhe është, edhe s'është e vërtetë. Është e vërtetë, sepse çdo Lozhë më vete është pa dyshim e regjistruar në regjistrin e shoqatave të shtetit përkatës (nuk ka shoqëri sekrete, që ekziston në mënyrë ilegale). Nuk është e vërtetë, sepse, në ndryshim nga shoqatat e tjera, Muratoria e Lirë ka kërkesa të përcaktuara saktë kundrejt anëtarëve të saj. Për të qenë më specifikë, çdokush që pranohet anëtar, nga ai moment e prapa, kërkon rregull në radhë të parë nga vetja e tij.

Muratoria e Lirë nuk ka si qëllim të mbrojë interesat e dikujt. Nuk është as shoqatë sportive, as kulturore. Nuk merret as me aktivitete të ndryshme organizative në fushat e shkencës, artit apo kulturës. Lidhja e Muratorëve të Lirë ka një fuqi tepër tërheqëse për njerëzit, sepse në publik duket si shoqëri shumë sekrete ose, thënë ndryshe, një shoqëri diskrete, e cila zotëron edhe një fuqi të madhe, që është e vështirë për t'u përkufizuar.

Kërkuesi, ai që dëshiron vërtet të jetë pjesë e kësaj

Lidhjeje, pret që në të ardhmen, pasi të jetë bërë anëtar, të jetë pjesë e elitës së shoqërisë ku jeton. Por, kush kërkon të bëhet Murator i Lirë veç duke qenë i shtyrë nga kureshtja apo me qëllimin për të arritur një lloj niveli në shoqëri do të zhgënjehet. Me pranimin në Lozhë, çdo Murator i Lirë qëndron përpikmërish para detyrës "së ndryshimit të jetës së tij". Ky ndryshim duhet të vijë nga dhe prej vetes, pa iu nënshtruar dogmave, rregullave apo detyrimeve të ndryshme. Pra, ai duhet të jetë i gatshëm të punojë me vetveten. Ky është një nga sekretet e Muratorëve të Lirë, që askush nuk e përcakton si të tillë. Ky është edhe sekreti i ndryshimit të Muratorëve të Lirë nga "shoqatat" e tjera.

Lidhje të tjera burrërore dihet që bashkojnë njerëz të karaktereve të njëjta, të interesave të njëjta e që kanë edhe qëllime të njëjta. Një aspekt i tillë është i pranueshëm edhe në Muratorinë e Lirë. Por, Lozhat e kanë punën akoma më të vështirë. Ato bashkojnë burra me prejardhje të ndryshme, me arsim e njohuri nga fusha të ndryshme, që, shpeshherë, kanë mendime të kundërta për diçka, madje kanë fe, bindje dhe mendime të ndryshme në politikë e në jetë. Lozha bashkon burra thuajse nga të gjitha shtresat e shoqërisë. Të gjithë të bashkuar në vëllazëri takohen me njëri-tjetrin në të njëjtin nivel mendor dhe shpirtëror.

Zakonisht, gjithkund ku mblidhen burrat, krijohen automatikisht edhe forma sociale, si poste të ndryshme dhe raportet drejtues - të punësuar, shumë marrëdhënie strukturore urdhërdhënës – urdhërmarrës etj. Brenda Lozhës forma të tilla janë të zëvendësuar me një hierarki simbolike, të pranueshme me vullnet të lirë nga të gjithë. Por s'duhet të harrohet parimi se të gjithë vëllezërit Muratorë të Lirë, janë plotësisht të barabartë në çdo kohë në marrëdhëniet me njëri-tjetrin. Në Lozhë, vëllai i shquar, si edhe ai që nuk është i tillë, janë të barabartë.

Shoqëria vëllazërore që ekziston në Lozhë nuk ka si qëllim të eliminojë formatet sociale të lartpërmendura; ajo vetëm i kompleton më tej. Duhet të theksohet gjithashtu se kjo që u tha më lart është një nga parimet themelore dhe qëllimet e çdo Lozhe, sado që shpesh ka vështirësi për t'u arritur plotësisht. Është vërtet për t'u habitur se si, në kaq shekuj me radhë, ky qëllim i shoqërisë vëllazërore ka arritur dhe arrin të realizohet edhe sot e kësaj dite.

Çfarë është Muratoria e Lirë në çështjet e interesit?

Muratoria e Lirë për interes është një keqpërdorim i ideve të Muratorisë së Lirë. Pranimi në Lozhë i Vëllezërve Muratorë të Lirë, duke i dhënë përparësi njerëzve nga fusha e ekonomisë, politikës apo drejtësisë, do të çonte në krijimin e klikave të papranueshme. Çdo iniciativë e ndërmarrë nga çdo Murator i Lirë për t'i dhënë përparësi në mënyrë të padrejtë një Muratori tjetër të Lirë është thyerje e rregullave të Muratorisë së Lirë dhe vëllait që bën një gjest të tillë i tërhiqet vërejtje duke e këshilluar.

Muratori i Lirë është i detyruar, në rrafshin profesional apo atë tregtar, të mos i japë përparësi një vëllai tjetër Muratori të Lirë, vetëm sepse është i tillë. Ai duhet t'i japë përparësi atij që ka kualifikimin e duhur edhe pse nuk është Murator i Lirë. Në këtë mes nuk është e rëndësishme se kush është Murator i Lirë apo jo, e rëndësishme është se kush është i aftë të kryejë atë që kërkohet. Fatmirësisht, Muratoria për interes në çdo kohë ka qenë një fenomen tepër i rrallë, por që faktikisht është në gjendje të shkatërrojë çdo Lozhë që ekziston me vite.

Muratoria për interes është pothuaj e pamundur të qëndrojë sekrete, sepse shkakton valë indinjatash të mëdha dhe kritika me vend si brenda Lidhjes, ashtu edhe në publik, siç ishte rasti i Lozhës P2 në Itali, ku Luçio Xheli (Lucio Gelli) keqpërdori fronin e Lozhës së tij. Për ata që duan të bëjnë pazare si Lozha, ashtu edhe Muratoria e Lirë, janë toka jo pjellore, toka që kurrsesi nuk japin rendiment.

Përse nuk ka gra në Lozhat e Muratorisë së Lirë? A mund të jenë dhe gratë Muratore të Lira?

Përgjigja është shumë e thjeshtë: Në Lozhat e Rregullta dhe në Lozha e Madhet e Mëdha, gratë nuk pranohen si anëtare. Ka të ngjarë që një fenomen i tillë të ketë anët pozitive dhe ato negative. Tradita e Muratorëve të Lirë të Vjetër dhe të Pranuar (se ç'domethënie kanë fjalët: i Lirë, i Vjetër, i Pranuar, i Rregullt - do ta sqarojmë më vonë) njeh vetëm lidhjen e burrave, bazuar në prejardhjen e ndërtimtarisë me gurë, ku punësoheshin vetëm burrat.

Në historinë e Muratorisë së Lirë ka pasur shpeshherë tentativa për të futur edhe gratë në Lozha. Lozha të tilla u quajtën "Lozha të përziera". U formuan edhe Lozha që kanë vetëm gra, ku burrave nuk iu lejohet të marrin pjesë. "Rryma kryesore" e Muratorisë së Lirë, nëse e quajmë kështu, e ka kundërshtuar gjithmonë praninë e grave në Lozha. Siç u përmend më parë, qëllimi i Muratorëve të Lirë është të punojë me veten, pra vetedukim. Një qëllim i tillë nuk është menduar për të dyja gjinitë. Ndoshta Moxarti, me operën e tij "Fyelli magjik", ku Pamina me Taminon duhet të kapërcejnë të gjitha provat për të pasur një jetë sa më të mirë, kritikon Muratorinë e Lirë si një lidhje kryekëput e orientuar vetëm për meshkujt.

Polemikat e debatet në duhet apo jo të pranohen gratë në Muratorinë e Lirë nuk kanë reshtur kurrë. Madje, diskutime të tilla ka ende edhe sot ndërmjet vetë Muratorëve të Lirë. Gratë, nënat dhe vajzat e Muratorëve të Lirë thirren me fjalën "Motër". Edhe në këtë aspekt, Lozhat veprojnë në mënyra të ndryshme. Në disa prej tyre, gratë janë integruar në jetën shoqërore të Lozhave, por nuk e gëzojnë të drejtën për të qenë pjesëmarrëse në punët që bëhen në tempull. Në disa Lozha të tjera, edhe kjo që përmendëm më sipër duket dhe quhet e tepruar.

Megjithatë, e vërteta e plotë qëndron në faktin që, me përjashtim të të gjitha Lozhave të Rregullta të botës, në disa vende ekzistojnë si Lozhat e përziera, ashtu edhe Lozhat ku janë pjesëmarrëse vetëm gra. Kjo ka ardhur nga tradita ose me formimet e reja që kanë ndodhur në vite. Lozha të tilla kanë ritualin e tyre, që është i përshtatur për gratë. Zakonisht, vizita e një Muratori të Lirë, anëtar i një Lozhe të Rregullt, s'është e dëshirueshme në Lozhat e përziera apo në ato të grave. Sipas kushtetutës së Lozhës së Madhe të Anglisë është e ndaluar pjesëmarrja apo vizita në një Lozhë jo të rregullt, pra në një Lozhë të papranuar, të panjohur nga UGLE, Lozha e Madhe e Bashkuar e Anglisë (United Grand Lodg of England).

Kush është "Lozha e papranuar"? Për të krijuar një Lozhë nuk është e mjaftueshme që disa burra të bëhen së bashku, duke pretenduar që kanë krijuar një Lozhë më vete. Kjo mundet të jetë vetëm një shoqatë, deri në momentin që ende nuk është njohur (pranuar) prej një Lozhe të Madhe të Rregullt. Kjo shoqatë s'mund të quhet institucion i Muratorisë së Lirë.

Sipas këtij principi, Lozhat e grave nuk quhen Lozha të Rregullta. Në epokën që barazia ndërmjet dy gjinive (së paku në botën e vendeve të industrializuara) është bërë një dëshirë apo më mirë të themi një qëllim për t'u arritur, jetojmë në të njëjtën kohë dhe në një epokë ku ka gjithashtu tendenca fundamentaliste të forta dhe ku gratë i largojnë nga jeta publike (ato duhet të rrinë në shtëpi, të gatuajnë, të rrisin fëmijët etj.). Ndaj, tani më tepër se kurrë, shtrohet pyetja e ekzistencës apo jo të Lozhave të grave.

Muratorët e Lirë seriozisht e çmojnë Lidhjen e Burrave si një domosdoshmëri. Ata nuk e shikojnë përjashtimin apo mospranimin e grave në Lozhë si një akt diskriminues ndaj tyre. Opinioni më i përhapur për sa i përket kësaj teme është që kjo Lidhje Burrash dhe ekzistenca e saj është e varur nga fakti se sa do të arrihet të ruhet forma tradicionale e saj. Pra është një kushtëzim i bazuar në ruajtjen e traditës.

Nga ana tjetër, arsyeshëm, asnjë Murator i Lirë nuk ka kundërshtim për ekzistencën e Lozhave të grave. Solidariteti është për të gjithë njerëzit i nevojshëm dhe i domosdoshëm, si për burrat, ashtu edhe për gratë. Kush mundohet t'i veshë Muratorisë së Lirë tendenca antifeministe është i destinuar të dështojë. Muratorët e Lirë nuk janë as misoxhinë (që urrejnë gratë), as burracakë. Armiqësitë dhe qëndrimet e kundërta janë absurde për mençurinë Muratorike; ato nuk përfaqësojnë vlera njerëzore, por thjesht primitivizëm. Lozhat i shërbejnë Vetedukimit të Burrave, që - Zoti e di përse - është një qëllim i domosdoshëm për t'u arritur.

Kush dëshiron të bëhet Murator i Lirë duhet ta dijë që po i nënshtrohet një procesi mësimor, i cili do të zgjasë gjithë jetën e tij. Ai do të njohë Burra që mendojnë dhe veprojnë si ai, që i kanë vënë qëllim vetes që jetën e tyre ta barazojnë mbi parimet bazë të Respektit, Tolerancës dhe Humanizmit. Ai duhet ta dijë: Burra që deri tani kanë qenë të huaj e të panjohur për të, por që tani e tutje do t'i ketë Vëllezër dhe do t'i përjetojë si të tillë, do t'i ketë shokë të përhershëm. Ai duhet ta dijë që kjo i kërkon vetëmohim të vazhdueshëm; duhet ta dijë që Muratori i Lirë në Lozhë do të ballafaqohet me simbole të ndryshme, që do ta ndihmojnë atë për vetedukimin e tij. Në Lozhë do ta presin rituale tradicionale, që do ta çojnë edhe më tutje vetedukimin e tij. Dhe vetëm një Burrë i Mirë e me Nam të Mirë, i Nderuar në shoqëri dhe kudo, i ka gjithë gjasat për t'u pranuar. Ai duhet ta dijë që Muratoria e Lirë nuk është një Lidhje sekrete; duhet ta dijë që anëtarësia në Lidhje do t'ia zgjerojë masivisht përvojat jetësore, nga njëra anë, ndërsa nga ana tjetër, kjo anëtarësi në Lidhje është e lidhur me detyrime morale dhe humanitare.

II. Lozhat, Punishtet e Ndërtimit, Lozha e Mëdha

Me fjalën Lozhë nënkuptohet vendi dhe hapësira ku zhvillohet puna e Muratorëve të Lirë, si dhe bashkësia me të paktën shtatë Vëllezër-Mjeshtra.

Numri i anëtarësisë së një Lozhë mund të jetë i ndryshëm, por më e mira është që Lozha të mos rritet më shumë sesa duhet, sepse humbet kontakti personal ndërmjet Vëllezërve. Sipas përvojave, 30 anëtarë është numër i mjaftueshëm, kurse përmbledhja në një Lozhë e më shumë se 100 anëtarëve do të thotë që qarkullimi, marrëdhëniet dhe kontaktet ndërmjet Vëllezërve të bëhen më të vështira.

Megjithatë, në hapësirat anglo-saksone ka Lozha që janë më të mëdha. Por, ato kanë si qëllim zhvillimin e projekteve të ndryshme sociale e të përkujdesjes ndaj komuniteteve ku veprojnë. P.sh: në SHBA, Lozha të tilla mirëmbajnë dhe drejtojnë spitale, klinika, si dhe shtëpi për pensionistë (azile pleqsh). Në gjithë botën ekzistojnë rreth 50.000 Lozha. Thënë në mënyrë paksa më moderne, këto 50.000 Lozha janë themeli i organizimit të Muratorisë së Lirë. Ato quhen Lozhat e Shën Gjonit ose, sipas ngjyrës së tyre, "Lozhat Blu".

Sipas rregullave, çdo Lozhë krijohet nga Lozha e Madhe Qendrore, pjesë të së cilës janë. Në shumicën e rasteve, kufijtë gjeografikë të një shteti janë identikë me kufijtë e hapësirës së një Lozhe të Madhe, gjë e cila do të thotë që të gjitha Lozhat e një shteti janë pjesë e Lozhës së Madhe së atij shteti. Që një Lozhë e Madhe e Rregullt të ekzistojë duhet të ketë të paktën 3 deri në 4 Lozha anëtare të sajat. Çdo Lozhë "e Rregullt" duhet patjetër të jetë krijuar nga Mjeshtërit Muratorë, të ketë ligjet dhe rregullat e saj të shtëpisë (të brendshme) dhe të jetë e regjistruar në regjistrin e shoqatave të shtetit ku ajo bën pjesë.

Drejtuesi i Lozhës, sipas zakonit të vjetër, quhet "Mjeshtri i Fronit", ndërkohë që, gjatë punës në Lozhë, të gjithë Sivëllezërit e tjerë Mjeshtra janë të punësuar si Mbikëqyrës, Sekretar, Fjalëmbajtës, Arkëtar, Kontrollor dhe Ndihmëmbledhës. Gjithashtu, Lozhat kanë Rojën e Portës, Mjeshtrin e Ceremonive, si dhe Instruktorin apo Mjeshtrin Mësues, i cili, kryesisht, merret me mësimin dhe instruktimin e Vëllezërve të sapopranuar.

Puna e Muratorëve bëhet kryesisht brenda në Lozhë, që, gjithashtu, mund të quhet edhe Tempull. Puna e Muratorëve në Lozhë, e parë nga jashtë, është një proces pune i një rituali tradicional, të cilin Gëte e kishte vënë re si një proces që duhet kryer në mënyrë serioze dhe pedante. Ky lloj ritualizmi shkakton një lloj reaksioni, sepse në fillim është një lloj pune e padukshme që secili Murator duhet të kryejë me/dhe për veten e tij.

Të gjithë funksionmbajtësit e një Lozhe zgjidhen në bazë të një procesi demokratik. Gjithë anëtarët e Lozhave të një shteti zgjedhin drejtuesit e Lozhës së Madhe,

Kryemjeshtrin, Kryenëpunësit (zyrtarët), që zgjidhen ose me votim direkt, ose me anë të përfaqësuesve të tyre. Hierarkia e Muratorëve është njëkohësisht hierarki faktike dhe simbolike. Faktike, sepse ka ngjashmëri me funksionet dhe funksionarët e një shoqate, siç dhe janë nëpunësit dhe "drejtuesit", por, nga ana tjetër, zotëron një hierarki me karakter shpirtëror simbolik, që i përket më tepër Kryemjeshtrit.

Në Muratori njihen apo pranohen nëpër funksione ata Vëllezër që janë zgjedhur nga anëtarët e të gjitha Lozhave. Çdo Lozhë krijon profilin e saj të veçantë në bazë të krijimit të bashkësisë së Vëllezërve që pranon. Shoqëria, vëllazëria, që në pamje të parë janë fjalë apo terma abstraktë, marrin në Lozhë kuptimet konkrete, kuptime të cilat, siç u tha më sipër, i japin Lozhës vlerën, efektin dhe personalitetin e saj. Për të gjithë Muratorë e Lirë si zakonet, ashtu edhe traditat e Muratorisë janë pa mëdyshje të detyrueshme. Këto zakone e tradita janë të bazuara mirë mbi vëllazërinë, dashurinë për tjetrin, humanizmin e respektin reciprok.

Në këtë mënyrë, hap pas hapi, Muratorët e Lirë realizojnë idenë e "edukimit të racës njerëzore", si dhe të vetedukimit, ndihmave e përkujdesjeve, me qëllim që njerëzimi të bëhet si një familje e madhe. Në ditët e sotme, njerëzit janë kundër përdorimit të fjalëve apo termave të mëdha. Edhe Muratorët e Lirë janë kritikë jo vetëm kundrejt vetvetes, por edhe kundrejt fjalëve të mëdha, gjë që do të thotë se objektiva të tillë, që, në pamje të parë duken si Postulate (kërkesa imagjinare), përshkruhen veç me fjalë të përgjithshme, universale. Detajet konkrete dhe vënia në jetë e fjalëve janë punë e dukshme e Muratorëve, të cilat nuk bëhen as brenda në Lozhë, as në tempull, por në jetën e përditshme të Vëllait

Murator.

Muratorët e Lirë e dinë fort mirë se objektivat e tyre, si: toleranca, vetedukimi, edukimi në veçanti, si dhe aktivitetet përkujdesëse sociale janë fenomene që përmbushen jashtë Lozhës. Por, Muratorët mendojnë se njeriu formohet më lehtë dhe në mënyrë më të suksesshme në rrethin e njerëzve që mendojnë e veprojnë njësoj.

Burrat tolerantë dhe humanistë, të cilët nuk janë anëtarë të Lidhjes, quhen prej të gjithë Muratorëve si "Muratorë pa përparëse" (përparësja, që përdoret nga Muratorët dhe që është marrë nga gurpunuesit e hershëm). Lozha, sipas traditës së gurpunuesve, gjithashtu quhet Punishte Ndërtimi. Për çfarë tradite bëhet fjalë këtu?

Punishtet e Ndërtimit të Mesjetës

Për të kuptuar fjalën "Lozhë" do të na duhet të bëjmë "një ekskursion" në histori. Duhet të flasim për "Muratorët ndërtimtarë", të cilët Muratorët e sotëm i quajnë "Muratorë operativë". Ndërtimi i shtëpive është një domosdoshmëri, që i ka rrënjët në lashtësi. Por, ajo çka e ka habitur dhe mrekulluar njerëzimin më shumë ka qenë veçanërisht ndërtimi i tempujve dhe kullave, mauzoleve dhe piramidave. Mrekulli të tilla botërore janë ngulitur në mendjen e njerëzve për gjenerata me radhë. Ndërtime të tilla janë bërë që në fillimet e kulturave të lashta të njerëzimit. Vetëm për një pjesë të vogël prej tyre ekzistojnë dokumente mbi historinë dhe mënyrën si janë ndërtuar. Shumica janë kthyer në gërmadha dhe rrënoja, që janë bërë vende atraktive për arkeologët, njohësit e artit dhe turistët.

Nga tempulli i parë që ndërtoi Solomoni, sot nuk ekzistojnë më as gërmadhat. Historia e ndërtimit të këtij tempulli, për fat të mirë, është e përshkruar në Bibël, fillimi i ndërtimeve të së cilës daton përafërsisht në vitin 950 para Krishtit. Në Testamentin e Vjetër përshkruhet se ndërtimi i këtij tempulli zgjati 7 vjet dhe përurimi u bë në muajin e shtatë. Sundimtari i Tirit, Hirami, aleat me Solomonin, dërgon në Jeruzalem një mjeshtër, që e kishte emrin Hieram ose Huram, biri i një hebreu. Solomoni e ndërtoi tempullin (tempulli i parë i hebrenjve) dy herë më të lartë se shenjtorja (Debir) ekzistuese dhe stili i ndërtimit ishte asirik ose tyrik. Tempulli kishte formën e një katrori të zgjatur (gjatësia 33 m, gjerësia 11 m dhe lartësia 16.60 m), ku anët e ngushta të tij ishin të drejtuara saktë nga lindja dhe perëndimi. Në hyrje të tempullit ishin dy kolona (shtylla) prej bakri, të quajtura Iakin dhe Boaz. Për të hyrë në "shenjtore" duhej të kaloje nëpër një oborr. Aty ndodhej tryeza e artë, mbi të cilën vendoseshin bukët e kushtimit, si dhe 10 shandanë: 5 në anën e majtë dhe 5 në të djathtë, përpara shenjtores. Vetëm pasi i kaloje të gjitha këto, mund të hyje në "Shenjtoren e Shenjtorëve", që kishte formën e një kubi. Në këtë kub ruhej "Arka e Besëlidhjes".

Tempull u shkatërrua nga Nabusardani (Ai ishte komandanti i truprojës, shërbëtori i mbretit të Babilonisë). Në vitin 586 para Krishtit u ndërtua për të dytën herë nga Zerubabeli, pas kthimit të hebrenjve prej robërisë në Babiloni. U zgjerua në vitin 165 para Krishtit nga Juda Makabe dhe u restaurua nga Herodi në vitin 21 para Krishtit. Tempulli u shkatërrua përsëri në vitin 70 pas Krishtit, si pasojë e luftërave dhe, që nga viti 644 pas Krishtit, në vendin ku ka qenë tempulli i vjetër ndodhet Xhamia prej Guri "Harum Ash Sharif". Është për t'u vlerësuar që edhe Bibla raporton mbi periudhën e ndërtimit të Tempullit. Bibla na tregon se specialistët dhe mjeshtërit punonin me gurë e bakër, për mbikëqyrësit dhe me një ushtri të tërë me ndihmës e punëtorë. Siç dihet, mënyra e ndërtimit të Tempullit të Solomonit u përdor më vonë për të ndërtuar kishat e krishtera. Qëllimi ishte të ndërtohej "Jerusalemi Qiellor" me katedralet, kishat, manastiret tokësore, pra, me fjalë të tjera, të ndërtoheshin kopje të Tempullit të Solomonit.

Ishte e rëndësishme që të gjithë Gurpunuesit e mëvonshëm, të cilët e vërtetonin profesionin e tyre me paraardhësit që përmenden në Bibël, të dokumentonin Lidhjet e tyre të drejtpërdrejta me ndërtuesit e lashtë, që kishin bërë vepra madhështore, si ajo që përmendëm. Shpeshherë kjo vërtetohet me zbulime apo simbole të ndryshme, që gjenden nëpër katedralet e ndryshme të botës. Solomoni, Mbretëresha e Sabës, Eklesia dhe Sinagogat u bënë pjesë e programeve të tyre simbolike. Tempullit të Solomonit iu "kopjua" edhe arkitektura. P.sh: Në katedralen e Vyrzburgut (Gjermani) gjenden kolona, që janë punuar sipas kolonave të oborrit të Tempullit të Solomonit. Përshkrimet në Bibël, te "Mbretërit 5- 7" dhe "Kronikat 2-8", ua lehtësuan shumë punën "Mjeshtërve" për t'i ndërtuar saktë dhe identike elemente të veçanta të Tempullit të Solomonit. Nuk është e nevojshme të sqarohet pse shëmbëlltyra e Tempullit të Solomonit i frymëzoi mjeshtërit e mëvonshëm, shumë prej të cilëve ndoqën rrugën dhe stilin e tyre të ndërtimit. Mjeshtërit murgj të ndërtimit, në periudhat e mëvonshme, si ajo romanike, (stil i të ndërtuarit) ndërtuan shumë kisha, të cilat nuk mund ta fshihnin ngjashmërinë e tyre me stilin e ndërtimit të kështjellave.

Ndërtuesit e epokës gotike ndërtuan monumente të vërteta arti, ku guri luan një rol tepër të rëndësishëm. Për këdo që i sheh këto monumente është ende e habitshme se si mund të ndërtoheshin gjëra të tilla në atë kohë. Me artin e tyre në përdorimin e gurit për ndërtime mjaft të larta, duke i vendosur gurët me njëri-tjetrin në mënyrë të atillë që të krijonin figura gjeometrike të mahnitshme dhe me forcën e qëndresës, ata kanë mrekulluar breza me radhë, që janë të lidhur me njohuritë e fituara në mënyrë empirike përgjatë shekujve.

Puna e këtyre Lozhave (punishteve) për të ndërtuar vepra të tilla është e lidhur me idenë që monumente të tilla mund të ndërtohen vetëm në qoftë se gjatë procesit të punës zotëron paqja e harmonia ndërmjet dhe mbi ata që i ndërtojnë. Është më se e vështirë për t'u provuar që ndërtuesit e këtyre kohërave (shekulli i XVII) kishin simbolikën e tyre të të ndërtuarit apo e mësonin dhe e perfeksiononin gjatë ndërtimeve. Rregullat që përcaktonin jetën sociale të ndërtuesve/muratorëve nëpër këto Punishte Ndërtimi kanë arritur te ne nga brigadat e ndërtuesve anglezë, gjermanë dhe francezë.

Një shembull i bukur në këtë mes është Dorëshkrimi i Regiusit, gjithashtu i njohur si "Dorëshkrimi i Holliuellit". Sigurisht që ekzistonin edhe legjenda mbi ndërtimet, siç e parashikoi në mënyrë simbolike Jan Komenius (Jan Comenius) në veprën e tij "Pansofia". Edhe "Lume naturale" (Drita natyrore) e tij ka efektet e saj simbolike në Muratorinë e Lirë. Muratorët e Lirë kanë vërejtur gjithmonë te ndërtuesit e lartpërmendur (brigadat e ndërtimit që jetonin nëpër punishte) "paraardhësit" e tyre tradicionalistë dhe te punishtet e tyre Lozhat e sotme Muratorike. Në mesjetën e hershme ishin murgjit ata që ndërtuan Shën Vincentin në Paris, kishën kryesore në Katerburi (Canterbury), kishën në Roçester (Rochester) dhe kishën e Palit në Uesminister (Westminster). Vëllazëri të tilla udhëtonin nga njëri vend në tjetrin dhe prej njërit objekt ndërtimi drejt tjetrit. Manastiri i Benediktëve në Hirsau (Gjermani) kishte një brigadë të vetën të muratorëve, që ishin specializuar për ndërtimin e manastireve. Murgjit ishin të mirëorganizuar dhe drejtoheshin nga të ashtuquajturit "Kryepunëtorë" (brigadierët). Manjus Albertus Argjentinus (Magnus Albertus Argentinus) themeloi në "punishten" e tij të ndërtimit në Strasburg një qendër të "punishteve" të tjera të ndërtimit.

Nga mesi i shekullit XVI, brigada të tilla ndërtuesish filluan të përhapeshin me shumicë. Filluan madje të dalin rregullat dhe ligjet e para për këto shoqëri, si p.sh: Mjeshtri i Brigadës së Strasburgut, Jost Dotzinger, formuloi rregulloren e brigadës së tij, por pa harruar të përshkruante që ky proces duhet t'i jetë mirënjohës epokës së kaluar të ndërtimit të manastireve. Për historinë e këtyre brigadave të ndërtimit gjen literaturë të mjaftueshme nëpër arkiva të ndryshme të Evropës. "Rregullat" më të vjetra i përkasin vitit 1459, ato të Gurëpunuesve të Strasburgut, pasuar nga rregullat e Rohlicerit (Rochlitzer). Më pas, një tjetër "kanun" doli në përdorim në Strasburg, më 1563. Vlen të përmendet që ky i fundit ishte i influencuar nga lëvizja reformiste, që lindi në këtë periudhë. Brigada të ndryshme kishin rregulla të ndryshme. Vetëm në Gjermani ekzistojnë qindra "Rregullore" të Punishteve të ndryshme, nga të cilat kemi njohuri të mjaftueshme.

Domethënia e Punishteve të Ndërtimit

Çfarë ishte punishtja? Punishtja ishte një vend ku Muratorët mblidheshin dhe punonin së bashku; një vend që, njëkohësisht, kishte pozicionin e vet të privilegjuar në shoqëri. Përse? Gurëpunuesit "e lirë" nuk ishin të detyruar t'i kryenin ato punë, pra, me fjalë të tjera, të ndërtonin banesa, shtëpi dhe objekte të rëndomta, siç bënin kolegët e tyre nëpër qytete. Gjithashtu, ata nuk ishin më një sipërmarrje (e varur) kishtare. Ata i përcaktonin vetë rregullat e tyre, rregulla që ndryshonin thelbësish nga rregullat e të gjithë ndërtuesve nëpër qytete e fshatra. Në territorin gjerman, punishte të tilla ekzistonin në Këln, Bernë, Zyrih dhe Vjenë. Në Strasburg ishte qendra e tyre kryesore. Ndërmjet vetë gurëpunuesve (gurgdhendësve) zotëronte një ndjenjë e fortë e të qenit së bashku, e cila rezultonte në etikën e sjelljeve të tyre dhe në ndërtimin e "rrjeteve sociale", në vendet ku ato ishin aktive. Një ose dy mjeshtër drejtonin punishten. Zakonisht qëllonte të zëvendësoheshin nga "Parlier" (kryepunëtori) në qoftë se nuk ndodheshin aty. Shumica e anëtarëve të brigadave të gurëpunuesve kishin rangun e Zejtarëve (punëtorëve të kualifikuar). Gjithë nxënësit që pranoheshin për të mësuar artin e të punuarit me gur nuk duhet të ishin fëmijë të lindur nga një lidhje jomartesore. Për pranimin e çdo nxënësi duhej të votohej. Ai që pranohej merrte titullin "Shërbëtor i gurit të papërpunuar" (gurit natyral). Pas pranimit, nxënësit shugroheshin në "sekretet" e ndërtimit; betimi që bënin i detyronte të heshtnin për ato gjëra që i mësonin në Lozhë.

Pa dhënë shenja njohëse ishte e pamundur të hyje në punishte. Shenjat i dinte vetëm ai që ishte pranuar si "nxënës" dhe që më vonë ishte bërë "zejtar" (punëtor i kualifikuar) ose "mjeshtër". Në këtë mënyrë mbroheshin mirë të fshehtat, sekretet e tyre nga persona të huaj, që donin të dinin ç'bëhej në Punishte. Gurëpunuesit kishin uniformat e tyre të veçanta, që përbëheshin nga kapela, shkopi dhe përparësja e punës. Fjalë-Klozhet dhe shenjat, me të cilat bëhej e mundur hyrja në Lozhë, edhe sot e kësaj dite përdoren në mënyrë simbolike në Lozhat e Muratorëve të Lirë. Pyetje të tjera bazoheshin mbi domethënien, si p.sh: të Kompasit dhe Vizores. Kur një Burrë dekorohej për punën e bërë, ishte vërtetim që tregonte se ky Mjeshtër e kishte mësuar Artin e të "punuarit me gur" në mënyrë shembullore.

Mbi 10.000 shenja të gurëpunuesve janë të njohura sot e kësaj dite si shenja të kombinuara me simbole e vija, që formojnë pamje abstrakte nga më të ndryshmet. Në punishten e gurëpunuesve, secili anëtar duhej t'u përmbahej rregullave e normave që ekzistonin brenda saj. Të parapërcaktuara ishin: mënyra e përshëndetjes, koha dhe mënyra e të folurit, si dhe mënyra se si duhej t'i drejtohej Mjeshtrit të Lozhës.

Në qendër të çdo Lozhe ishte "Altari", mbi të cilin ishin vendosur Libri i Vëllazërimit dhe Rregullorja e Zejtarëve.

Gjithashtu, në "Altar" vendoseshin shandanë me qirinj. Nga momenti që libri hapej dhe qirinjtë ndizeshin, në Lozhë hynin në fuqi rregullat "zyrtare", d.m.th: rregulli i të folurit, rregulli i përshëndetjes etj. Atje nuk mund të tolerohej asnjë lloj çrregullsie apo veprim i pamatur.

Shenjat njohëse, shtrëngimet e dorës, përparësja, uniformat, njohuritë, domethënia e kompasit dhe kuadrit, që në kohët e lashta kanë simbolizuar të vepruarit drejt, përmbushjen e gjithë detyrimeve, që të shtyjnë të duash vëllanë, të duash njerëzimin; të tëra këto së bashku e mbanin të bashkuar fort lidhjen vëllazërore. Gurëpunuesit kishin shenjtorët e tyre, si p.sh: në Gjermani kishin të shenjtë "4 të kurorëzuarit", 4 gurëpunuesit martirë, që kishin ndërruar jetë në kohën e Dioklecianit. Në Angli kishin shenjtorë Shën Gjonin Shugurues dhe Shën Gjonin Evangjelist.

Me fillimin e "Epokës së iluminizmit", (në gjermanisht njihet me termin "Aufklärung", që do të thotë: të ndriçohesh për diçka, pra ndriçim mendor dhe shpirtëror), në Europë mbetën veç disa punishte (brigada) gurëpunuesish.

Në Angli ndodhi diçka e papërsëritshme: Lozhat e muratorëve punëtorë (muratorët operativë) u shndërruan në Lozha të Muratorëve Spekulativë (lat: Speculare - vëzhgim, mënyrë filozofike e të menduarit për të arritur te njohuritë e duhura). Kështu, punishtet e tanishme u kthyen në Lozha të Muratorisë (Muratorëve). Detajet e këtij procesi nuk janë të njohura me hollësi, por i habitshëm duket fakti i pranimit nëpër Lozha i burrave që nuk kishin të bënin fare me punimin e gurit, pra me një fjalë ishin "të huaj". Rreth vitit 1600 ndodhi diçka, gjë për të cilën ekzistojnë edhe dokumente: një farë Bosuell i Aushinlekut (Bosuell of Auchinleck) u pranua në një Lozhë në Edinburg. Aristokratë, anëtarë të Xhentri (Gentry - aristokratë anglezë të një niveli më të ulët), filozofë dhe dijetarë filluan të shoqëroheshin me "Free Masons", siç quhen sot Muratorët e Lirë në Angli.

Por për arsyen se përse në gjirin e një shoqërie Mjeshtërish Gurëpunues ose, e thënë ndryshe, një shoqërie artistësh të punëve me gurë u lejuan Mjeshtra - "ndërtues të huaj" vetëm mund të spekulohet. Arsyeja më bindëse mund të jetë si vijon: me fillimin e Epokës së Iluminizmit në Europë (shekulli XIV, XV deri në Revolucionin Francez 1789-1799) nisën të krijoheshin shumë shoqëri, në të cilat mblidheshin filozofë, letrarë, shkencëtarë, mendimtarë etj. Brenda tyre trajtoheshin tema që s'mund të trajtoheshin nëpër universitete apo kisha, të cilat kthjelloheshin, sqaroheshin ose diskutoheshin nën frymën e filozofisë antike. Këto shoqëri kërkonin një rinim, një reformim jo vetëm të besimit, por edhe të rregullave të shoqërisë në përgjithësi.

Humanizmi i zbuluar prej tyre ishte në fillim filozofik. Galilei, Koperniku, Kepleri, zbulimet e Kolombit, si dhe shtypja e librave ndryshuan pamjen e gjërave në këtë botë, pra ia ndryshuan krejt faqen kësaj bote. Pas reformave fetare, të udhëhequra nga Luteri, Kaluni dhe Zvinglizi, ndodhën reformat shkencore në fizikë, astronomi, trigonometri e fusha të tjera të shkencës, që ishin interesante edhe për një Mjeshtër të gurit. Është shumë interesant fakti që Theofil Desagulieri (Theophil Desaguliers), një nga fizikanët më të njohur të kohës, anëtar i Shoqërisë Mbretërore (Royal Society), do të luante një rol drejtues në Lozhën e parë qendrore të botës.

Deri në shek. XVII kishte plot Lozha Muratorësh, që i kishin rrënjët e tyre në mesjetë dhe më herët. Këto Lozha ishin më tepër si Lozha Mjeshtërish Gurëpunues. Nga 1600-a e pas, këto Lozha u bënë tepër të preferuara dhe mrekulluan edhe burra të profesioneve e rangjeve të ndryshme. Pavarësisht cilat ishin motivet që i shtynë burrat të jenë anëtarë në këto Lozha, përfundimi ishte shumë shpresëdhënës për të ardhmen. Ritualet, të cilat ishin krijuar për Mjeshtra Gurëpunues, do ishin atraktive edhe për burra të profesioneve të tjera, qofshin këto dhe në mënyrë simbolike. Tri gradat kishin efekte të njëjta mbi të gjithë anëtarët e pranuar, pavarësisht se vinin nga shtresa të ndryshme të shoqërisë. Në Angli, Skoci dhe Irlandë, elementi konservativ ishte ai më i dukshmi. Toleranca, mendimet jodogmatike dhe vëllazëria u arritën e mbijetuan falë formave efektive organizative.

Format e organizimit të Muratorëve

Lozha, që të ekzistojë, duhet të jetë e përbërë nga të paktën 7 Mjeshtra, megjithatë numri i anëtarëve të saj mund të shkojë edhe deri në 200 apo 300 vëllezër. Tri ose katër Lozha (të paktën) mund të formojnë një Lozhë e Madhe. Kjo është e rregullt nëse iu përmbahet ligjeve themelore, të përshkruara në Kushtetutën e Lozhës së Madhe së Anglisë (United Grand Loge of England). Më kryesoret për t'u përmendur janë: pranohen vetëm burra, jepen 3 shkallë, pranohet ekzistenca e një qenieje supreme (supreme being), që simbolizon Kryemjeshtrin e Madh të të gjitha botëve, Arkitektin e Gjithësisë. Në Lozhat e Lozhës së Madhe Qendrore është e vendosur Bibla (Kurani ose Talmuti ose edhe të tria bashkë), si libra që përfaqësojnë një traditë të shenjtë. Lozhat që i plotësojnë këto kushte janë të njohura (të pranuara) nga Lozha e Madhe e Anglisë.

Është traditë që, më pas, të dyja Lozhat e njohin njëra-tjetrën si të rregullta. Kjo mënyrë veprimi rigoroz ka çuar në formimin e një zinxhiri botëror të Muratorisë së Lirë e megjithatë çdo Lozhë e Madhe është autonome dhe nuk është e varur nga askush. Pra, një Muratori Botërore, e drejtuar apo formuar prej një institucioni qendror të vetëm, nuk ekziston. Si anëtar i një Lozhe të pranuar dhe të rregullt ke të drejtën të vizitosh çdo Lozhë në botë, kudo të jetë. Ky sistem i Lozha e Madheve me vulë angleze ndryshe quhet edhe "Lozhat e Shën Gjonit" ose "Lozhat Blu".

Në mënyrë historike, përbri formave të organizimeve Muratorike theksuar më lart, janë krijuar edhe Shkallët e përkryera, si p.sh: 33 gradat e Ritit Skocez, gradat e përkryera të Ritit të Jorkut (ritual amerikan), si edhe shumë rite të tjera. Jo të gjithë Muratorët e Lirë tregojnë interes për Gradat e Përkryerjes, sepse, sipas mendimit të gjithëpranuar, "në 3 Gradat e para është e përmbledhur gjithë Muratoria e Lirë". Si riti skocez, ashtu edhe ai i Jorkut janë organizime të ndara nga Lozhat Blu dhe nga Lozha e Madhet . E megjithatë janë në bashkëpunim të vazhdueshëm shpirtëror dhe direkt me Lozhat e Shën Gjonit. Shpeshherë, riti skocez apo ai i Jorkut quhen Muratori e Gradave të Larta. Një emërtim i tillë është i gabuar, pasi mënyra e të punuarit në këto grada s'është gjë tjetër veçse thellimi dhe zgjerimi në mënyrë rituale i mendimeve bazë (themelore) të Muratorisë. Një emërim më i saktë do të ishte "Gradat përbri Muratorisë së Lirë". Vëllezërit, të cilët janë orientuar në ezoterikë, e gjejnë veten shumë mirë në Gradat e lartpërmendura.

Emri "Lozhë"(Lozhë) ka ardhur prej traditës së gurëpunuesve. Ndërtuesit e kishave dhe katedraleve të mesjetës krijuan rregullat e tyre të punës, të cilat i përshtatën në mënyrën e të jetuarit. Ata krijuan rituale e rregulla që drejtonin sjelljen e tyre në punishtet e ndërtimit. Në rituale të tilla, Lozhat e Muratorisë bazuan si simbolikën, ashtu edhe zakonet e tyre. Lozhat e Muratorisë së Lirë u themeluan për herë të parë në Angli. Mjeshtrit ndërtues filluan të pranonin në Lozhat e tyre "Mjeshtra" nga fushat e tjera të jetës. Në këtë mënyrë, reformat, idetë e mendimet nga sfera të tjera të shoqërisë u bënë pjesë integrale e Muratorisë së Lirë. Mendimet themelore të Muratorisë janë: vëllazërimi, toleranca dhe humanizmi.

Grupi bazë i Muratorëve të Lirë është grupimi i Lozhave të Shën Gjonit (Lozhat Blu). Lozhat që ndajnë 3 grada: 1– Nxënësi; 2– Zejtari; 3- Mjeshtri, mund të quhen "të Rregullta" vetëm nëse bëjnë pjesë në bashkësinë e një Lozhe të Madhe. Lozha e Madhe quhet e Rregullt nëse është e njohur (e pranuar) nga Lozha e Madhe e Anglisë (Lozha nënë), e cila ruan traditën e Muratorisë, traditë që është shkruar te "Detyrimet e vjetra" dhe në "Rregulloren" e saj. Të gjithë Lozha e Madhet e botës së bashku formojnë një zinxhir të pandërprerë të Vëllazërisë Muratorike. Gjithsej ekzistojnë 50.000 Lozha dhe mbi 100 Lozha e Madhe, që reciprokisht e njohin njëra-tjetrën si Lozha të Rregullta. E vetmja Lozhë që është shkëputur nga ky zinxhir përpara një shekulli është "Grand Orient", e cila, që nga ajo kohë, nuk njihet si Lozhë e Rregullt.

III. Çfarë bëjnë fshehurazi Muratorët e Lirë?

Lozha është Lidhje Burrash e jo një klub zotërinjsh. Vëllezërit Muratorë nëpër Lozha nuk bëjnë as politikë partiake, as politikë shtetërore. Lozha nuk është për politikë dhe as për interesa biznesi. Por, për çfarë duhet Lozha atëherë? Çfarë mund të bëjë një Burrë në të?

Që Muratorët e Lirë nuk po ndërtojnë më kisha e katedrale dihet tashmë nga të gjithë. Përgjigja e kësaj pyetjeje është sa e lehtë, aq edhe e vështirë. E lehtë, sepse Muratoria e Lirë është e ngarkuar si me personin në veçanti, ashtu edhe me shoqërinë në përgjithësi: Mendo dhe vepro, njihe jetën, të jesh i përgatitur për vdekjen! Pjesa e formimit tënd si njeri, si edhe vetëdija që një ditë do vdesësh janë pjesë e "punës" së një Muratori të Lirë.

"Përvoja më e madhe" qëndron në faktin që një burrë mund të ndryshojë vetveten, të dalë nga rrethi i tij individual e i vetmuar dhe të përjetojë në jetën e vet ndjenjën e vëllazërimit e të shoqërisë së mirë. Ky është fillimi i procesit të punës në gjithë sistemin e Muratorisë së Lirë.

Është e vështirë të sqarohet me fjalë bërthama e këtyre përjetimeve. Muratorët e Lirë thonë që sekreti i tyre nuk mund të përshkruhet (sqarohet); Muratoria vetëm mund të përjetohet. Ajo as nuk mund të "tradhtohet", sepse, nëse dikush do nxjerrë sekretin e saj në publik, mund të flasë vetëm mbi gjërat e jashtme të saj, pasi thelbësorja mbetet në të përjetuarin e saj dhe përjetimi nuk mund të shpjegohet me fjalë, në një mënyrë të tillë që ta kuptojnë (përjetojnë) edhe të tjerët, ashtu siç e ke përjetuar ti.

Me sa u tha duket që Muratoria e Lirë i jep një qëllim domethënës ekzistencës së çdo Muratori. Gëte thotë: "Vetëm ai që punon çdo ditë e kupton çfarë është dhe kush është". Në Lozhë takohen Burra që s'do ta kishin mundësinë kurrë ta takonin njëri-tjetrin në shoqërinë e tyre. Siç duket, ekzistenca e një personi fiton nuanca të tjera në Muratorinë e Lirë. Në të vërtetë, kjo është një përvojë e madhe për çdokënd, por ky është vetëm fillimi i kësaj përvoje.

Përjetimet Muratorike kanë nevojë për simbole dhe rituale, të cilat tregojnë (sqarojnë) rrugën e drejtë e të vërtetë të jetës.

Në sistemet shkollore na jepen njohuri të përgjithshme nga fusha të ndryshme të jetës. Përgatitja dhe specializimi për profesione të ndryshme që i duhen një shoqërie janë të lidhura me mund, djersë, impenjim e sakrifica të vazhdueshme, por, mbi të gjitha, është një proces mësimor që nuk ndalet kurrë. Me fjalë të tjera, secili nga ne është "nxënës" i përjetshëm, që me të drejtë kërkon përherë e më tepër nga vetja. I gjithë ky mundim dhe të gjitha këto sakrifica vihen në dispozicion të profesionit, biznesit dhe punës. Shumë pak vëmendje u dhurohet atyre që i bëjnë të gjitha këto mundime e sakrifica pa fund; vetë njerëzve, personalitetit të tyre, aftësive e etikës së tyre morale. Kohët e fundit janë formuar shumë grupe, që në mënyrë terapike po mundohen t'i japin njeriut vendin që i takon në shoqëri.

Ritualet e Muratorëve dhe simbolet e tyre, për shekuj me radhë, mbi shumë gjenerata të njerëzimit kanë dhënë efikasitetin e tyre. E mbi të gjitha të habit fakti që Lozha nuk detyron askënd e nuk kërkon nënshtrim të askujt. Ritualet e forcojnë bashkësinë ndërmjet Burrave, ndërsa simbolet prezantojnë vetveten dhe domethënien e tyre, të cilat duhet t'i dijë dhe t'i përvetësojë çdo Murator. Të vetmet gjëra, që në të vërtetë janë edhe sekrete në Muratori, janë simbolet e shenjat njohëse (dalluese). Sigurisht që këto shenja e simbole janë publikuar dhe janë përhapur për çdokënd. Të gjithë e dinë që këto shenja e simbole rrjedhin nga mjeshtërit gurëpunues e ndërtues. Simbole të tilla qëndrojnë e janë të lidhura me simbolikën e dritës dhe yjeve; janë të bazuara mbi legjenda të lashta ndërtimi. Por, informacioni nuk është përjetim. Të përjetosh simbolet dhe të ushtrosh ritualet nuk është punë e çdokujt. Në Lozhë s'vihen në punë vetëm mendja dhe truri, por edhe ndjenjat, vullneti dhe fuqia imagjinare.

Simbolet

Simboli është një objekt me domethënien e tij më të lartë. Jo çdo send mund të tregojë domethënien e tij më të lartë. Me anë të një shembulli të thjeshtë mund të sqarohet "kuptimi" i një simboli (e rëndësishme është të përmendet se kuptimi i një simboli përbën vetëm një pjesë të efektit të tij; e rëndësishme është të përjetohet gjithësia e tij).

Forma e një trekëndëshi mund të vizatohet si figurë gjeometrike. Një trekëndësh druri ose plastik mund të përdoret për vizatim, për matje ose si një instrument më vete. Një trekëndësh prej metali (llamarine) vendoset në rrugë për të paralajmëruar pjesëmarrësit e tjerë në trafik për diçka që ka ndodhur. Pjesa e çatisë së një shtëpie, e ndërtuar në stilin klasik, ka formën e një trekëndëshi; e njëjta formë trekëndore në hapësirat e një kishe të krishterë ka kuptimin e trinisë (Ati, Biri e Shpirti i Shenjtë). Në këtë rast (në rastin e Trinisë) vërejmë se simboli i trekëndëshit është "një objekt me domethënien e tij më të lartë". Simbolet Muratorike nuk janë shenja qiellore, nuk janë as simbole të shenjta në kuptimet dogmatike fetare, me përjashtim të Mjeshtërit të Madh të të gjitha botëve, që simbolizon të Pazbuluarin, me fjalë të tjera Zotin.

Bilbila është e vendosur në Lozhë si simbol i traditës së shenjtë. Gjithashtu edhe Kurani ose ndonjë libër i një bashkësie tjetër fetare mund të zërë vendin e Biblës në Lozhë. Ka Lozha ku së bashku të tri librat e besimeve monoteiste janë në Lozhë, si: Bibla, Kurani dhe Tora. Të gjitha simbolet e tjera Muratorike janë pjesë e botës të përbrendshme të çdo vëllai.

Ritualet

Ritualet, gëzimet dhe festat, të cilat janë të njohura për të gjithë ne, përbëhen shpesh nga ritualet. P.sh: në ushtri njihen rituale të ndryshme, në politikë, gjatë pritjeve shtetërore, por edhe sporti ka ritualet e tij. Ceremonia e nderimit të fituesve, dhënia e diplomës, dalja në pension dhe ndarjet kanë format e tyre të ritualit. Shumë gjëra duhen përgatitur ose, thënë ndryshe, është e domosdoshme që për shumë gjëra ritualet të kenë efekt të plotë. Një ritual i përgatitur mirë është për secilin nga ne një përjetim emocional i paharrueshëm. Ritualet Muratorike e kanë prejardhjen nga traditat e lashta të gurëpunuesve dhe, njëkohësisht, bazohen në karakteristikat e Lidhjeve mistike të hershme. Rituali mund të ngjallë gëzim, lumturi dhe emër, por mund të bëhet edhe rutinë, pra mund të mos bëjë përshtypje, mund të mos ndjesh asgjë. Ritualet duhet të bëhen në mënyrë pedante, që do të thotë se duhen bërë me seriozitetin e rigorozitetin më të lartë. Njeriu duhet të bëhet pjesë e ritualit dhe ta përjetojë atë.

E njëjta gjë është dhe me simbolet. Në qoftë se dikush nuk do të shpjegonte kuptimin e tyre, domethënia e tyre nuk do të krijonte efektin e duhur. Simbole të njohura (të kuptuara në domethënien e tyre), të përjetuara, rituale të marra me seriozitet, sipas mendimit të Muratorëve të Lirë, kanë fuqinë dhe japin efektet e tyre në mënyrë të përhershme. Gjatë mbajtjes së ritualit në Lozhat Europiane mbahet dhe një referat i shkurtër, që, në gjuhën Muratorike, quhet "Skicë ndërtimi". Kjo mënyrë pune është futur në Lozhë nga Muratori i Lirë austriak, Injaz fon Born (Ignaz von Born), që njihet edhe si shëmbëlltyra e Sarastros, prej operës së Moxartit, "Fyelli magjik". Në këtë referat, njëri Vëlla i Lozhës shtjellon një temë, e cila mund të jetë ezoterike ose ekzoterike.

Ezoterike dhe ekzoterike

Edhe ndërmjet Muratorëve bëhet i qartë dallimi mes ezoterikës dhe ekzoterikës. Në këtë mënyrë përshkruhen dy tendenca të kundërta, që njëherësh përbëjnë pamjen e plotë të Muratorisë. Çdo Murator mundohet gjithnjë t'i balancojë këto dy procese.

Me "ezoterikë" përshkruhet çdo gjë e përjetuar brenda vetes si në Muratori, ashtu edhe në përgjithësi. Ezoterike është zhvillimi, si dhe përjetimi i ritualit, janë simbolet dhe mënyra se si kuptohen ato, janë përvojat, përjetimet shpirtërore, etapat emocionale që kalon çdo Murator, është thellimi në vetvete për të kuptuar botën, si dhe të qenit njeri dhe e gjitha kjo lidhur me idenë se ka gjithmonë diçka të pazbulueshme... (Zoti).

Por, nga ana tjetër, vullneti i tyre, sjelljet morale, zakonore dhe tradicionale, përbëjnë atë që quhet ana ekzoterike e tyre. Të gjitha aktivitetet reale, aksionet humanitare dhe përkujdesëse, ndihma për të tjerët, kurset për ata që kanë vërtet nevojë për ndihmë, ndërhyrjet për të drejtat e njeriut, influenca e tyre në shoqëri (duke pasur parasysh shembullin personal) e kanë ndryshuar e përmirësuar botën dhe ambientin që na rrethon. Të gjitha këto që theksuam lart janë aspekte ekzoterike të punës së Muratorëve të Lirë. Sipas Gëtes, tendenca të tilla duhet të quhen "mendo dhe vepro", por secili e ka në dorë vetë t'i përshkruajë sipas rëndësisë që u jep.

Shoqëritë në të cilat jetojmë aktualisht janë tepër të orientuara në reklamimin e atyre që ndodhin, si dhe të atyre gjërave që bëjnë. Reklama nuk është dukuri e Muratorisë së Lirë. Për sa i përket veprimit dhe influencës së Muratorisë në "botën e jashtme" diskutohet në të gjitha Lozhat e botës, veçanërisht Vëllezërit e rinj, të cilët tentojnë për më tepër aktivizim, sepse mendojnë që mund të arrijnë edhe më shumë nëpërmjet veprimeve e aktiviteteve të jashtme sesa nëpërmjet punës që duhet të bëjë njeriu brenda tij. Lozhat, në vetvete, nuk dalin asnjëherë në publik. Një rol të tillë, në rast se duan, e merr tek-tuk ndonjë Vëlla i Lozhës. Interesat e Lozhës së Madhe përfaqësohen si nga "brenda, ashtu dhe nga jashtë" nga Kryemjeshtrit e zgjedhur të Lozhës së Madhe.

Muratorët mundohen të bashkojnë me njëra-tjetrën si ezoterikun, ashtu edhe ekzoteriken. Çfarëdo që kërkojnë ose mundohen të arrijnë e bëjnë në bazë të një koncepti të përgjithshëm. Me koncept të përgjithshëm nënkuptohet që ata nuk mjaftohen me një pjesë të së tërës, por me të tërën komplet. Kush është i interesuar dhe ka lexuar mbi shpjegimet e Muratorisë, si një jo-murator, do ta pyeste veten: meqë qenka kështu siç pretendohet me sipër, përse atëherë Muratorët e Lirë njihen si njerëz të dyshimtë? A duhet të jetë e mirëpritur dhe e mirëseardhur një Bashkësi, e cila i shërben vetedukimit të burrave (apo të shoqërisë) në përgjithësi? A nuk duhet të kemi shpresa të vazhdueshme te një Lidhje e tillë? Apo rezultatet e saj nuk janë të mjaftueshme, sepse nuk janë "të dukshme"? Përse janë kaq të heshtur? Përse nuk i bëjnë publike emrat e anëtarëve që jetojnë ende? Përse i qëndrojnë me konsekuencë mbajtjes së sekretit të punëve që bëjnë? Përse nuk dalin në publik dhe të sqarojnë se cilët janë dhe çfarë bëjnë?

Muratoria dhe jeta publike (shoqëria)

Në shumë vende, Muratorët e Lirë zhvillojnë aktivitete edhe në jetën publike. Në shumicën e këtyre vendeve ka muze mbi Muratorinë, ekspozita dhe simpoziume. Mbajtja e sekretit muratorik ose, siç e quajnë ata vetë, "mbulimi" nuk është gjithkund i njëjtë. Në Europë, Lozhat punojnë të "mbuluara", ndërsa në Amerikë, ku ka 3.7 deri 4 milionë Muratorë është ndryshe. Mendimet elitare tradicionale apo dënimet e mallkimet nga ana e kishës katolike kanë bërë të mundur që në disa pjesë të Europës të favorizohet një sjellje e tillë. Jo vetëm në Muratorinë e Lirë heshtja është pjesë përbërëse e saj, sepse edhe në shumë profesione të tjera të jetës heshtja është pjesë thelbësore e tyre. P.sh: nëpunësit, noterët, avokatët, mjekët etj. janë të detyruar të heshtin për gjërat që kanë të bëjnë me profesionin e tyre. Çdo firmë apo kompani ka të fshehtat dhe sekretet e saj. Meqenëse edhe Muratoria e Lirë është diçka shumë personale, që ka të bëjë direkt me jetën private, çdo Murator i Lirë e ka të drejtën të prononcohet në publik, edhe kur është apo kur nuk është anëtar i Lidhjes (pa e dëmtuar Mbulimin), por nuk ka të drejtë të tregojë emrin (apo emrat) e Vëllezërve të tjerë (për sa kohë janë gjallë).

Puna e Muratorëve është sa e dukshme, aq edhe e padukshme. Gjatë gjithë kohërave, si edhe tani, Muratorët e Lirë janë marrë me aktivitete bamirëse. Nga fjalia "Bëj të mira dhe fol për të mirat që ke bërë", Vëllezërit Muratorë e ndiejnë veten të detyruar të ndjekin vetëm (tri) fjalët e para. Pyetjes: "Ku duket puna reale e Muratorëve të Lirë?", mund t'i përgjigjemi edhe me kundërpyetje: "Kush i ka kërkuar dhe formuluar si ligje të Drejtat e Njeriut? Kush është munduar t'i zbatojë ato? Kush ishte i pari që humanizmin e tolerancën provoi t'i bënte pjesë të detyrueshme e të dëshirueshme të jetës shoqërore?" Ka të ngjarë që Muratorët e Lirë, në rrjedhën e kohës, si të gjithë njerëzit e tjerë të kenë bërë gabime dhe t'u jenë larguar qëllimeve të tyre, por Muratoria ka qenë dhe është për të folur me gjuhën e Lesingut, një domosdoshmëri e njerëzimit. Gati pas 300 vjetësh mbetet përsëri po një domosdoshmëri, veçanërisht në demokraci, sepse ky sistem (në disa raste) tenton që partnerët t'i quajë "armiq" apo kundërshtarë dhe domosdoshmërinë e konkurrencës midis partive ta kthejë në një "luftë" politike aspak serioze.

Lozhat Muratorike s'mund të ndalojnë keqpërdorimin e demokracisë dhe as nuk mund të drejtojnë politikat e saj. Megjithatë, Lozhat mund t'i edukojnë Burra që ta nënçmojnë politikën e instrumentalizuar, të bazuar në urrejtje klasore, urrejtje racore, urrejtje mbi jo vendasit, egocentrizmin etj. Një shoqëri e edukuar (intelektuale) e ka pranuar me kohë që Muratorë e Lirë nuk janë rrezik as për shtetin, as për fenë e as për partitë politike. Por ekziston e kundërta. Vetë shoqëria e Muratorëve, sjellja e tyre vëllazërore, i shndërron këta njerëz si më të vlerësuarit e njerëzimit. Muratorët e Lirë punojnë për të përmbushur parametrat e tyre mbi moralin e traditat, përmirësojnë ndjeshëm klimën e përgjithshme të shoqërive tona. Me qëllim për të krijuar një personalitet sa më të dashur, Muratorët e Lirë ndihmojnë me zell shoqëritë e vendeve ku jetojnë.

Historitë e çdo partie dhe institucioni mund të shkruhen duke marrë parasysh skandalet e tyre ose duke parë idealet që kanë ato. Gjithmonë duhet të kemi parasysh që, kur vlerësojmë dikë apo diçka, duhet ta vlerësojmë me realitet e jo me ngutje, urrejtje apo paragjykim. Në mënyrën si përshkruhet një histori mund të vësh re dhe mënyrën që është ndjekur ndaj realitetit. Nuk do të hyjmë të sqarojmë me hollësi historinë e Muratorisë, e cila është shumëplanëshe nga mënyra e të mësuarit, sistemi i të gjitha gradave, mijërat e personaliteteve anekënd botës që janë marrë me Lozhat apo Lozha e Madhet, me historinë e re dhe atë të shkuar. Në këtë aspekt duhet të shihen qartë edhe literaturat e tjera.

Megjithatë duhet të dalin patjetër në pah dy aspekte gjatë shtjellimit të hapave të Muratorisë në Britaninë e Madhe, Francë, Itali, Gjermani dhe Austri. E para: Roli i Muratorëve të këtyre vendeve në Muratorinë botërore: Si kanë influencuar ata në Muratorinë e vendeve të tjera? Çfarë kanë ndryshuar ata në Muratoritë e vendeve të tjera? E dyta: Cilat janë arritjet më të mëdha të Lidhjes së Muratorëve në vendet e tyre, pra në vendet ku ata ushtrojnë aktivitetin e tyre të punës?

Sekreti i Muratorisë s'mund të sqarohet kur Muratoria vetëm mund të përjetohet. Simbolet dhe ritualet duhet të kuptohen dhe të njihet domethënia e tyre sa më mirë, me qëllim që të kenë një efekt të përhershëm. Humanizmi, toleranca dhe respekti duhet të jenë udhërrëfyesit në jetën e çdo Muratori të Lirë.

IV. Sistemi i Lozhës së Madhe angleze

Nga një Lidhje e Mjeshtërve të Gurit shndërrohet në një Lidhje të Njerëzimit. Muratoria moderne ka ditëlindje: 24 Qershor 1717, dita e Shën Gjonit. Katër Lozha të Londrës u mblodhën së bashku në një tavernë dhe krijuan Lozhën e Madhe të Anglisë, zgjodhën një Kryemjeshtër dhe formuan së bashku një kushtetutë. Protokollet u mbajtën 5 vjet më vonë dhe libri me përmbajtjen e shtypur të kushtetutës doli gjithashtu 5 vjet më pas. Ky libër u botua nga një fetar presbiterian, i quajtur Xhejms Anderson, i cili, gjatë formulimit të kushtetutës Muratorike, u bazua si në traditën e lashtë, ashtu edhe mbi dokumentet ekzistuese.

"Detyrimet e vjetra" përmbajnë të drejtat e Muratorëve, si dhe Piketat (Landmarks), që shpjegojnë më tepër rregullat dhe zakonet e publikuara për herë të parë. Përveç Xhejms Andersonit, një rol të madh intelektual luajti edhe Xhon Teofilus Desagulieri (John Theophilus Desaguliers). Desagulieri, një Hugenot (protestant francez-adhurues i kalvinizmit), kishte emigruar nga Franca dhe ishte njeri tepër i ditur: teolog, fizikan në fushën e optikës, por dhe akademik i pranuar si anëtar në radhët e Shoqërisë Mbretërore (Royal Society).

62

Desagulieri merrte pjesë në punët e Lozhës në Den Haag dhe Paris.

Monarku i parë i "të pranuarve" ishte Franc Shtefan fon Lothringen (Franz Stephan von Lothringen), i cili më vonë u bë Perandori Franci I. Nuk shkoi shumë dhe Murator u bë edhe Princi i Uellsit. Shoqata e re e krijuar u përhap shpejt në gjithë Europën, u bë si mLozhë që tërhiqte vëmendjen e njerëzve. Që në fillimet e saj, Muratoria ishte e rrethuar nga të fshehta e sekrete. "Dokumenti i parë tradhtar" u nxor në publik nga një Samuel Pikard (Samuel Pichard), në vitin 1730, i cili shquhej për elokuencë në shpjegimin e ritualeve të hershme Muratorike në Angli. Zakonet e gurëpunuesve të vjetër ishin shumë pak të njohura. Në anën tjetër, zakonet e lashta të Muratorëve u bënë shumë interesante.

Në Lidhje takoheshin burra të klasave të ndryshme, anëtarë të elitave të ndryshme, dijetarë, filozofë e fetarë. Në Lozhë, rangjet që kishin në shoqëri nuk luanin asnjë rol. Për t'u habitur ishte fakti që, shpeshherë, ishin burra të cilët u përkisnin besimeve të ndryshme fetare. Të gjithë këta flisnin e diskutonin me njëri-tjetrin, perceptonin, si dhe e pranonin paqësisht njëri-tjetrin. E gjitha kjo ngjallte dyshim në publik.

Kush ishin këta Muratorë dhe nga vinin? Historianë të Muratorisë Angleze, prejardhjen e tyre e kanë sqaruar me fjalët "Sculptores Lapidum Liberoum", tekst i shkruar në certifikatat e vjetra të ndërtimit. Si përshkrimi në latinisht, por edhe ai në gjuhën franceze, normanike, "mestre" (murator) "de franche peer" (peer: gurë), barazohen në "lidhje me gurin", në fjalën "i lirë". Kjo do të thotë që bëhet fjalë për muratorë (ndërtues, muratorë operativë, gurëpunues), që përpunonin një lloj guri "të lirë". Me termin "i lirë" nuk nënkuptohet vlera e tij, por "i lirë" ka kuptimin që gjendej në gjendje të lirë natyrore, që ishte i lehtë për t'u gdhendur dhe që, në shumicën e rasteve, ishte gur ranor ose gëlqeror. Shpjegime të tjera fjalën "i lirë" e sqarojnë me faktin që Muratorët ishin të privilegjuar, pasi nuk i përkisnin asnjë lloj shoqërie (sindikate) ndërtuesish, që mbronin interesa grupesh të ndryshme të ndërtimit në atë kohë. Me këtë vërtetohet teoria që "Muratorët e Lirë" ishin të shpërndarë në gjithë vendin. Ata mblidheshin e i tërhiqnin ndërtimet e mëdha të kohës dhe, në të njëjtën kohë, "rekrutoheshin" në një shoqëri të tillë. Ekziston vetëm një urdhër i Mbretit të Anglisë, që u ka kërkuar të ndërtojnë kështjellën Uindsor.

Me mijëra Muratorë, të cilët i përmbaheshin Kodit të kontaktit të rregullt (Clozhes of orderly contact), i ngrinin punishtet e tyre pranë objektit që do ndërtohej dhe më pas fillonin punën. Nga një lloj guri që përpunohej lehtë janë ndërtuar kështjellat, katedralet dhe kishat e Anglisë. Gjatë gjithë kohës që janë ndërtuar objekte të tilla madhështore, me fjalën "Murator i Lirë" janë nënkuptuar gurëpunuesit e këtyre objekteve. Në vitin 1600, për herë të parë u pranua në një Lozhë (punishte) një burrë që nuk ishte Murator. Ai quhej Murator "i pranuar". Ky proces u përsërit edhe në shekullin e XVII, sepse në njërën nga 4 Lozhat që krijuan Lozhën e Madhe e Madhe të Anglisë, në Lozhën "Romakët dhe Veshi i Rrushit", Muratorët e "pranuar" ishin më tepër në numër sesa "Muratorët e Lirë".

Mos vallë ky proces simbolizon domethënien në rritje të klasës së mesme (borgjezisë)? Aspak! Kjo shoqatë mund të shihet si një mjet që po mundohej të arrinte baraspeshën në shoqërinë aktuale, një baraspeshë që shoqëria më vete nuk ishte në gjendje ta arrinte. Liria dhe barazia, në fillim, u demonstruan vetëm në mënyrë të fshehur. Nga ana tjetër kërkohej emër dhe prestigj. Kryemjeshtërit duhej të ishin patjetër anëtarë të aristokracisë. Siç duket, Desagulieri arriti ta mbrojë me sukses idenë për të pasur aristokratë në krye të Lozhave. Falë tij u bënë Kryemjeshtra Franc Stefani në Den Haag, Princi i Uellsit në Londër, si edhe një dukë që udhëhiqte lidhjen në Paris.

Lozhës së Madhe së parë i doli shumë shpejt konkurrenca. Gjithë Lozhat e tjera, përjashtuar 4 Lozhat, të cilat nuk kishin marrë pjesë në formimin e Lozhës së Madhe së Anglisë, dhe një Lozhe të Yorkut, e cila vetëquhej Lozhë e Madhe, u shfaqën befas në skenën e Muratorisë. Pas formimeve të ndryshme u krijua edhe një Lozhë e Madhe tjetër, që pati rëndësinë e saj të veçantë, e ashtuquajtura Lozha e Madhe e të Lashtëve (Antients) ose, ndryshe, Lozha e Madhe Athol. "Spiritus Lector" i kësaj Lozhe të re ishte Lorenc Dermot (Laurence Dermott), shkrimtar dhe organizator. "Të Lashtët", Antients, akuzuan Lozhën e Madhe e parë, të krijuar në vitin 1717, se nuk përmbushi traditën e vërtetë të Muratorëve dhe i quanin Modernë.

Për gjashtë dekada, deri në vitin 1813, ekzistonin dy Lozha e Madhe. "Të Moderuarit" (krijuar më 1717-n) dhe "Të lashtët" (Antients - krijuar më 1751). E para nxirrte në pah elementin aristokrat të anëtarëve të Lozhës, ndërsa, e dyta fokusohej në qytetarinë e thjeshtë. Ky ndryshim kaq i madh nuk ishte në të vërtetë realiteti i pasqyruar në Lozhë, por tendencat e tyre në këto dy drejtime. Megjithatë ia vlen të thuhet që anëtarë të Marinës së Anglisë ishin pjesë e "Modernëve", ndërsa ushtarakët ishin anëtarë të "të Lashtëve", të cilët kishin më shumë Muratorë të Lirë të shoqërisë së thjeshtë. Të dyja

Lozhat kishin si Kryemjeshtra të tyre anëtarë të familjes mbretërore dhe dy prej tyre arritën të bëjnë bashkimin e dy Lozhave. Që prej vitit 1813 ekziston vetëm një Lozhë e Madhe: "Lozha e Madhe e Bashkuar e Anglisë", e cila e quan veten, që nga ajo kohë. "Lozha e Madhe" ose "Lozha Nënë e Anglisë".

Lozha e Madhet në Irlandë, Skoci e SHBA

Edhe në Irlandë e Skoci u krijuan Lozha e Madhe. Të gjitha këto shpërndanin patenta (licenca) për të formuar Lozha në kontinente të tjera, si në Amerikën e Veriut, Kanada e përtej oqeanit. Këto Lozha, shumë shpejt, u përhapën në të gjitha kolonitë angleze. Lozhat, në fillim, ishin ushtarake, derisa pushtohej një vend dhe më pas ktheheshin në "civile", gjatë periudhës së administrimit. Si rrjedhojë, shumica e anëtarësive të Lozhave, të krijuara në kolonitë angleze, ishin Antikë (pasi aristokratët nuk lëviznin nga vendet e tyre).

Themeluesit e SHBA-së, burrat që nënshkruan Deklaratën e Pavarësisë, kishin në mes tyre një numër të madh Muratorësh të Lirë. Siç dihet, presidenti i parë, Xhorxh Uashington, si dhe shumë presidentë të tjerë më pas në SHBA, ishin Muratorë të Lirë.

Lozha, që në krijimin e saj të jepte përshtypjen e një shoqate tradicionale, e tregoi veten të aftë dhe të hapur edhe për mendimet e zhvillimet e kohës. Në kushtetutën e saj demokratike i ka rrënjët qeliza e ideve ndriçuese, që mbizotëroi vendet e perëndimit. Barazia vëllazërore e anëtarësisë së Lozhës krijon një hapësirë të lirë për persona që mendojnë e veprojnë në mënyrë të pavarur. Zakonet dhe traditat e Muratorëve i bashkojnë gjithë Vëllezërit në harmoni dhe mundohen të krijojnë harmoni sociale në Lozhë. Jo vetëm në Angli dhe Amerikë, por edhe në Europë, Lozha është një vend, një hapësirë ose, e thënë ndryshe, është bërë një kopsht pjellor i demokracisë. Gjatë gjithë shekullit të XVIII, një elitë burrash mendonte shumë seriozisht duke punuar për reformat në shoqëri. Shumë ide të reformave lindën dhe u diskutuan nëpër Lozha.

Përhapja e sistemit të Lozha e Madheve

Sistemi i Lozhës së Madhe së Anglisë, që me sukses të madh është përhapur në të gjithë globin, bazohet, siç është thënë edhe më përpara, mbi dhënien e 3 shkallëve: 1– Nxënësi; 2– Zejtari dhe 3– Mjeshtri. Muratorët Anglezë janë të bindur se në këto tri grada përfaqësohet e gjithë Muratoria e Lirë. Për vetë Anglinë, Muratoria është një lloj balance e arritur për shoqërinë e klasave ekzistuese. Sigurisht që s'është meritë vetëm e Muratorisë që është arritur kjo balancë, sepse edhe sistemi partiak anglez ka luajtur rolin e vet pozitiv në këtë aspekt. Por nuk duhet harruar që partitë mbledhin rreth vetes grupe të ndryshme interesi, të cilat mundohet t'i mbajnë nën kontroll. Ideja e Muratorisë së Lirë ishte se si të mënjanoheshin kundërshtimet që kishin burrat mes njëri-tjetrit.

Tri shkallët e sistemit muratorik anglez përfaqësojnë nevojën e anëtarëve të saj për liri, barazi, emancipim dhe, veçanërisht, të qenit lidhur ngushtësisht me traditat dhe zakonet e vjetra angleze. Bibla, e vendosur në Lozhë, simbolizon "pranimin e qenies së mbinatyrshme", Zotit, i cili, për Muratorët e Lirë, është Kryemjeshtri më i Madh i Universit, abstinenca e pyetjeve mbi politikën ditore.

Të gjitha këto i mundëson dhe i siguron kjo "hapësirë e lirë", pra Lozha. Lozha i bashkoi edhe në vendet e huaja, edhe në kolonitë angleze përtej oqeanit anglezët, sikur të ishin në atdheun e tyre. Ishte Lozha ushtarake ajo që eliminonte ndryshimet e gradave apo të rangjeve, që në ushtri janë tepër të forta. Lozha i bënte këto poste më të durueshme. Në Itali, p.sh, Lozha i hapi dyert si për vendasit, ashtu edhe për të huajt, ekstrakomunitarët.

Në të njëjtën kohë, kjo hierarki e pranuar me dëshirë, hierarki simbolike edhe faktike, qëndron mbi baza të shëndosha demokratike. Kryemjeshtri i Anglisë me të vërtetë është anëtar i familjes mbretërore, por as ai, as vetë monarku nuk mund të influencojnë punët e Lozhës. Muratorët e Lirë angleze janë të gjithë në të njëjtin nivel. Sistemi anglez i Lozhës së Madhe si nga brenda, ashtu edhe nga jashtë, ka tendenca për të arritur mirësi (kënaqësi) sociale, të kombinuara me dinjitetin e njeriut dhe me traditat. Harmonizimi nuk e dobëson fuqinë vepruese, përkundrazi ndihmon, së pari, në formimin e karakterit. Tensioni ndërmjet lirisë dhe rregullit është gjithmonë i pranishëm, por, njëkohësisht, lë mjaft hapësirë për t'u vetedukuar, pa përfunduar në artificializëm.

Se sa i lirë dhe i pavarur ndjehet një Murator anglez, mund të kuptohet nga përgjigja e mëposhtme. I pyetur se çfarë është një Murator në Lozhë, përgjigja është: "Ai e ndjen vetveten... si një person, ...si një anëtar individual, ... jo si pjesë e një grupi me synime e qëllime të veçanta". Për një jo-Murator, kjo mund të duket diçka paradoksale, sepse një grup apo një shoqëri ekziston sepse ka synime e qëllime të përbashkëta. Por, Muratorët e shohin veten si persona individualë brenda një grupi.

Që prej 27 dhjetorit të vitit 1813 (dita e Gjonit

Evangjelist), numri i anëtarëve, si dhe numri i Lozhave në Angli është rritur në mënyrë të shpejtë. Në vitin 1818, në Londër kishte 115 Lozha, 431 në të gjithë Anglinë, 46 në ushtri e në marinë dhe 56 jashtë vendit. Të gjitha ishin nën ombrellën e Lozhës së Madhe të Bashkuar të Anglisë. Në regjistrin e Lozhës, në vitin 1918 ishin regjistruar 648 Lozha. Në vitin 1967, kur Kryemjeshtër u zgjodh Duka i Kentit, Lozha e Madhe e Bashkuar Angleze numëronte 7300 Lozha. Në vitin 1981 ishin 8115.

Askund nuk ka qenë e mundur që, në një mënyrë kaq bindëse, një lidhje burrash të ketë dhuruar kaq shumë vlera e përmbajtje mendore e shpirtërore, që, në të njëjtën kohë, i janë përshtatur momentit, por pa harruar të japin dhe impulset vendimtare në emër të së ardhmes. Sjellja e brendshme e vëllazërimit ndër Lozha përfaqëson mënyrën mbikombëtare të të menduarit e vepruarit të Muratorëve të Lirë.

Lozha e Madhe e Anglisë e sheh dhe e çmon veten e saj si Lozha nënë e të gjithë Muratorisë së Rregullt dhe, njëkohësisht, ajo vlerësohet dhe nderohet si e tillë nga e gjithë Bota e Muratorisë së Lirë. Në çdo Lozhë të planetit, secili Vëlla ka karakterin e tij të veçantë; e parë kjo edhe në aspektin e të gjitha Lozha e Madheve të botës, të cilat së bashku formojnë një zinxhir botëror. Pra arrihet në përfundimin se çdo Lozhë e Madhe më vete ka dhe gëzon karakteristikat e saj të veçanta.

V. *Muratoria e Francës: ndriçim, revolucion dhe modernizim*

Marinarët angleze krijuan një Lozhë në Bordo. Ushtarë irlandezë të një regjimenti francez krijuan një Lozhë tjetër në një bujtinë në Saint Germain des Pres, Paris.

Në regjistrin e Londrës, Lozha nr. 90 është regjistruar si Lozha "Koka e Mbretit" (Kings Head) në Paris. Në vitin 1732, në këtë Lozhë hyri edhe një Dukë d'Aumont. Në vitin 1735, Kryemjeshtri i Lozhës angleze, Duka i Riçmondit, së bashku me Desagulierin, vizituan Parisin. Të dy morën pjesë në punën e një Lozhe në Paris. Në Lozhë u pranua një sekretar i shtetit, me emrin Konti i Shën Florentit. Ceremoninë e drejtoi Baroni de la Brede apo, më mirë, i njohur me emrin Monteskie (Montesquieu). Ky filozof i rëndësishëm i kohës, 13 vjet më vonë, në vitin 1748, botoi librin "Shpirti i ligjeve" (De L'esprit des Loix), që u bë guri i themelit të politikës së ardhme moderne.

Debati mbi reformimin e shoqërisë kishte më shumë se 100 vjet që zhvillohej në Lozhë dhe, mbi të gjitha, ky debat zhvillohej brenda Lozhës. Në kohën kur Muratoria arriti në Francë, udhëheqësi absolut, Ludvigu XV, ishte ende një fëmijë. Problemet sociale e morale të shoqërisë franceze në atë kohë ishin shumë të mëdha. Lozhat e pakta, përbërë kryesisht nga aristokratë dhe njerëz të thjeshtë, kishin krijuar një lloj kundërpeshe me gjendjen e krijuar rreth. Kryeministri i Mbretit, kardinali Fleury, i ndërmerrte veprimet e tij bazuar në "vulën" e Papës Klement. Në vitin 1737, me një urdhër policor u ndalua veprimtaria e Lozhave në Francë.

Si për Fronin Mbretëror, ashtu edhe për kishën, Muratoria ishte diçka e mallkuar. Megjithatë, një vit më vonë, Duka i Antinit u bë Kryemjeshtër i Lozhës së Francës. Të ishe Murator i Lirë u bë si të qe një lloj proteste kundër gjendjes së mjeruar që kish kapluar shtetin e shoqërinë apo edhe kishën. Njëkohësisht, përmbajtja shpirtërore e Muratorisë zhvillohej akoma edhe më shumë.

Një zotëri fort i vyer skocez, Murator, shok i peshkopit Fenelon, më 1737 mbajti "Diskutimin" e tij të famshëm, që pati pasoja të rëndësishme, si më poshtë: Endrju Majkëll Ramsi (Andreas Michael Ramsay) kishte një vizion në kokë. Për të "...bota qe si një republikë e madhe, ku çdo komb ishte një familje e kësaj republike dhe çdo qytetar qe një fëmijë i kësaj familjeje". Ai donte t'i shihte të gjithë njerëzit të bashkuar në një mendje të mirë e me sjellje të mira, ndaj thoshte: "Ne, në mesin tonë, kemi tre lloj Vëllezërish: Të rinj ose Nxënës; Punëtorë të kualifikuar ose Zejtarë; Mjeshtra ose të Përkryer. Të parëve u sqarohen virtytet e mira njerëzore; të dytëve, virtytet e kujdestarëve dhe, të tretëve, virtytet e krishtera. Të gjitha këto "bujtje" virtytesh sqarohen në atë lloj mënyre që përmbledh brenda vetes, si filozofinë e ndjenjave ashtu edhe teologjinë e zemrës. Kjo lidhje kërkon prej nesh një punë të madhe, që nuk është në gjendje ta bëjë asnjë akademi në botë". Ramsi ishte i mendimit për krijimin e një libri universal, ku të përmblidheshin të gjitha artet e shkencat. "Do të ishte e udhës që mençurinë e gjitha kombeve ta bashkonim në një vepër të vetme, e cila do të ishte një bibliotekë universale, ku të gjendej çdo gjë e mirë, e ndritur, e domosdoshme, e përdorshme si në fushën e artit, ashtu edhe në atë të shkencave."

Mbase kjo qe një utopi, por, në të njëjtën kohë, ishte edhe themeli i mendimeve fillestare, që më vonë realizuan edhe enciklopedinë, e cila ishte një produkt i ngjarjeve dhe zhvillimeve të mëvonshme. Një utopi që filloi të marrë formë konkrete.

Në mesin e shekullit XVIII, në Francë ekzistonin 200 Lozha. "Diskutimi" i Ramsit, nga ana tjetër, pati edhe disa pasazhe të tjera. Për të ruajtur në vazhdimësi normat dhe traditat, Muratoria duhet të zhvillojë sistemin e Gradave të Larta dhe sistemin e Templarëve. Në Francë, kujtesa mbi Templarët, forca dhe madhështia e tyre, rënia dhe shkatërrimi ishin akoma të freskëta. Templarët dhe Kryemjeshtri i tyre, Zhak de Male (Jacques de Malay), ishin bërë si fytyra kulti në Francë. Templarë të rinj apo edhe lidhje të tjera kalorsiake filluan të mbijnë kudo nga toka e Lozhave, në kuptimin figurativ të fjalës.

Në kundërshtim me qëllimet e Lozhës për të ndritur mendjet e njerëzve, në kundërshti me idetë tradicionale që zhvilloheshin në Lozhë, në disa Lozha të veçanta pati tendenca orientimi drejt kultet mistike, duke i kthyer takimet e tyre në një farë "Okultizmi Magjik"(Lennhof). Sekrete dhe shkenca të mbyllura jo vetëm që ofroheshin, por edhe praktikoheshin në këto Lozha. Ata e quanin veten "Të përzgjedhurit e Lionit", kishin "Kapitullin e Arrasit" e "Klemontin" dhe kujtonin se ishin "Noaçiti", "Filoteli" dhe "Martinisti".

Nga kjo "çorbë" lidhjesh të ndryshme Muratorike dolën më vonë dy degëzime: Lozha e Madhe Franceze (Grande Loge de France), e krijuar në vitin 1756, dhe Orienti i Madh Francez (Grand Orient de France), e krijuar në vitin 1773. Në të dyja Lozhat, tendencat demokratike gjetën terren të mirëfilltë për t'u zhvilluar normalisht. Drejtuesit e tyre zgjidheshin në mënyrë demokratike, pa qëndruar në të njëjtin post derisa vdisnin. Liria dhe barazia qenë shenjat orientuese kryesore të këtyre lidhjeve. "Lojërat kalorsiake" filluan të braktiseshin nga Lozhat. Personalitete të ndryshme u bënë anëtarë të tyre. Pas Monteskieut, anëtarë u bënë filozofi Helvetius, astronomi Lalande dhe matematikani Konkordet. Lozhat e tyre "Nëntë Motrat" (Les Neufs Soeurs) u bënë dhe kryeqendrat e diturisë. Benxhamin Frenklin, i ngarkuari me punë i 13 shteteve të Amerikës Veriore në Francë, ishte dy herë Mjeshtër i Fronit në këtë Lozhë. Për të vazhduar më tej me emra të tjerë, si, La Rochefoueauld, që nuk ishte vetëm shkrimtar i shkëlqyer aforizmash, por edhe një përkthyes i mrekullueshëm. Ai përktheu kushtetutën amerikane në frëngjisht dhe ishte anëtar i kësaj Lozhe elitare, në të cilën, pak kohë pas kthimit në Paris, u pranua edhe Volteri; Lafajeti, heroi i dy botëve; d'Alembert, i cili hartoi dhe publikoi enciklopedinë franceze; piktorët Vennet dhe Greuze; skulptori Houdon; poeti Andrechenier; Abbe Sveyes, avokat i klasave të varfra dhe një nga mendimtarët e revolucionit, si dhe shumë të tjerë.

Të mendosh që burra, si Mirabeau dhe Beaharnais, Beurmachais, Josef de Maistre, një Choisuel, Chamfort, Massena dhe një Talleyrand, punonin tok si Muratorë të Lirë. Të mjafton vetëm ideja për personalitete të tilla me kaq influencë të madhe për kohën, që të arrish në konkluzionin se për çfarë mendimesh, idesh dhe kërkesash politike diskutohej në Lozhë, të cilat, nëpërmjet saj, e bënë Muratorinë si organin kryesor nga ku dilnin dituria e mendimeve sociale të përparuara të shekullit të XVIII.

Revolucioni francez 1789 ishte sa një revolucion i gjykatësve, aq dhe i fshatarëve e i qytetarisë së Parisit. Në këtë fazë progresive, ku rendi i ri i Francës mendohej të arrihej pa dhunë e pa forcë, nga 578 deputetë (frengj. États généraux) 477 ishin të iniciuar. 90 deputetë të aristokracisë, si dhe një pjesë e mirë e klerit ishin anëtarë të Lozhave. Së pari, në këto Lozha u provuan principet e barazisë, lirisë, vëllazërisë dhe, sipas shembullit amerikan, të drejtat e njeriut u bënë pjesë e kërkesave për herë të parë në Europë. Katastrofa që ndodhi, e organizuar prej terrorit të Jakobinëve, keqpërdori idealet fillestare dhe më 1792 të gjitha Lozhat ndaluan funksionimin e tyre. Kryemjeshtërit të Lozhës së Francës, ashtu si mbretit, iu pre koka.

Në Francën e pararevolucionit, në Regjimin e Vjetër (Ancien Regime), ekzistonin rreth 70.000 Muratorë të Lirë, në të dyja lidhjet. Si shkak-pasojë e tragjedisë së revolucionit, si numri i Lozhave, ashtu edhe numri i Muratorëve u zvogëlua shumë, sepse shumë prej tyre u ekzekutuan. Në vitin 1798, Roetiers rinovoi dhe bashkoi Lidhjet e Muratorëve të Lirë. Në kohën e Napoleonit, vëllezërit dhe të afërmit e tij, u bënë Muratorë të Lirë. Kryemjeshtrit, si në Francë, por edhe në vendet e pushtuara nga Napoleoni, ishin anëtarë të familjes së tij. Pjesa dërrmuese e këtyre Lozhave në perandorinë e krijuar ishin ushtarakë. Këto Lozha i shpërndanin madhështi dhe triumf Francës, por, parë në aspektin europian, shpërndanin edhe idenë e të drejtave të njeriut.

Pas dëbimit të Napoleonit në ishullin e Shën Helenës, në kohën e restaurimit, Muratoria franceze u shpërnda. Muratoria perandorake u "fundos"; shumë Muratorë u larguan nga Lozhat. Policia burbone i përgjonte, i spiunonte dhe i mbikëqyrte anëtarët e Lozhave dhe, këto të fundit filloi t'i mbyllte. Muratorët e kohës së revolucionit u quajtën "jakobinë" dhe patën po të njëjtin fat si bonapartistët, që u detyruan ose të iknin në azil, ose të duronin ndjekjen e keqtrajtimet në Francë. Në vitin 1820, anëtarë të Lozhave ushtarake të kohës së perandorisë filluan të grumbulloheshin përsëri nëpër Lozha. "Riti i Menfisit" dhe "Riti i Mursamit" filluan të grumbullojnë oficerë të "Ushtrisë së Madhe" (ushtria perandorake). Kjo Muratori e rikrijuar, që nisi të punojë në mënyrë legale, filloi të jepte shenja jo të mira që në fillimet e saj. Pjesa dërrmuese ishin ruajalistë ose besnikë të burbonizmit dhe kishin shumë pak të bënin me Muratorinë e vërtetë. Me fjalë të tjera, nën sundimin e Burbonistëve, një Murator nuk lejohej të ishte i tillë. Ata donin të kishin një Muratori të kontrolluar. Në pamje të parë duket se politika ia arriti t'i rrënojë principet Muratorisë, por e vërteta qëndron krejt ndryshe.

Vazhdojmë më tutje me zhvillimet në Muratoritë franceze. Në vitin 1804, një Kalorës-Mjeshtër, i quajtur Grassy-Tilly, nga San Domingo, u kthye përsëri në Francë. Ky Mjeshtër, që e quante veten "Këshilltari më i lartë" i Ritit të Vjetër e të Pranuar Skocez të Çarlestonit, USA, (Rit i krijuar në vitin 1801), autorizoi vendasit në kontinentin e vjetër europian të fusnin në përdorim "Sistemin e Gradave të Larta", një sistem Muratorik i përbërë nga 33 gradat e përsosjes. Ky Mjeshtër pati sukses me këtë ide. Sistemit të tij iu bashkëngjit Lozha e Madhe Franceze, duke krijuar një formacion të quajtur "Këshilli Suprem". Dy rryma të Muratorisë franceze dolën përsëri ballë për ballë njëra-tjetrës: "Orienti i Madh" dhe "Këshilli Suprem".

Por, Rouge et Noir, dhuna e ushtruar nga mbreti dhe kisha katolike, i sulmonin po me të njëjtën forcë të dyja grupimet e lartpërmendura. Historia e Muratorisë franceze nuk mbaron me kaq. Polarizimi mes atyre që e quajnë veten trashëgimtarët e revolucionit, si dhe atyre që revolucionin francez e quajtën si gjëja më e kobshme që i ndodhi Francës, ekziston edhe në ditët e sotme. Jo vetëm shoqëria franceze e ka përjetuar dhe e përjeton këtë polarizim, por në të njëjtën gjendje ndodhet dhe Muratoria franceze. Kështu, kishte Lozha që e përkrahnin revolucionin e vitit 1848 dhe Lozha të tjera, që ia lejuan vetes të kontrolloheshin nga Napoloni III, i cili e vuri vetë Kryemjeshtrin e Lozhës, ashtu siç qe rasti i Orientit të Madh të Francës. Këshilli Suprem e kundërshtoi një gjë të tillë.

Por jo vetëm politika i ndante këto dy Muratori të Lira. Idetë e liberalizmit, pozitivizmit e të laicizmit qenë në kundërshtim me idetë e tradicionalizmit, po ashtu edhe të mënyrës së sjelljes (etikës). Pjesë të mëdha të Muratorisë ishin në kundërshtim të plotë me fenë, por jo të gjithë. Përse vallë gjithë ky dallim? Krijuesi i "Fjalorit", filozofi e shkrimtari Emil Litre, pozitivist, luftëtar i barrikadave, republikan, në vitin 1871 deputet në parlament dhe senator i përjetshëm e ilustron më së miri klimën ekzistuese. Në kohën kur Litre u zgjodh anëtar i Akademisë Franceze, kundërshtari i tij, Arqipeshkvi i Dupanlupit, u zëmërua aq shumë për këtë vendim të akademisë, sa dha dorëheqje nga të qenit anëtar i saj. Kjo protestë demostrative nga ana e tij e shtyu edhe më shumë Letrenë që të bëhej anëtar i një Lozhe. Dhe bëhet fjalë për Lozhën "Le Clemente Amitie". Në atë kohë ishte si rregull i Orientit të Madh, që, përpara se të pranohej dikush, i bëhej pyetja: "A beson në ekzistencën e Zotit?". Litre iu përgjigj: "Një plaku të mençur në kohë të lashta, mbreti i kishte bërë të njëjtën pyetje. Plaku mendonte çdo ditë për përgjigjen, por nuk e ndiente veten të sigurt për t'u shprehur. Edhe unë do t'ju lutem të mos kërkoni nga unë as pohim dhe as mohim për një çështje të tillë. Asnjë lloj shkence nuk e përjashton fillimin e "DIÇKAJE", sepse asgjë nuk flet kundër një teorie të tillë, por, nga ana tjetër, nuk ka vërtetuar asgjë në këtë mes. E gjithë dituria është relative. Herë pas here, njerëzimi ka pasur të bëjë me dukuri e fenomene, për të cilat nuk kanë qenë në gjendje të kuptojnë apo zbulojnë domethënien e tyre të thellë apo atë përfundimtare. Njerëz që me vendosmëri të plotë pohojnë apo mohojnë ekzistencën e zotit s'bëjnë gjë tjetër veç vërtetojnë padiuturinë e tyre mbi krijimin dhe vazhdimësinë e qenieve dhe sendeve".

Dy vjet më vonë, në vitin 1877, Orienti i Madh largoi nga Lozha simbolin e "Mjeshtrit të Gjithëfuqishëm të të gjithë Botëve". Me këtë vendim, deshi të nxirrte në pah domosdoshmërinë e lirisë së ndërgjegjes në Lozhat e saj. U ra dakord për formulimin, si vijon: "Në Muratorinë e Lirë themelet bazë janë liria e ndërgjegjes dhe solidariteti njerëzor. Muratoria e Lirë nuk përjashton askënd për besimin fetar." Ky formulim kishte konsekuenca të mëvonshme për Orientin e Madh. Lozha e Madhe e Bashkuar e Anglisë dhe të gjitha Lozha e Madhet e Mëdha të Rregullta të vendeve të tjera ishin të gjitha të mendimit se vendimi i marrë prej Orientit të Madh, nuk ishte automatikisht pranim pa kushte i ateizmit, por ai përjashtonte Rregullin e Parë të "Detyrimeve të Vjetra" (Old Charges), duke i devijuar principeve dhe traditave të Muratorisë së Lirë. Për këtë arsye, Lozha e Madhe Angleze ndërpreu marrëdhëniet me Orientin e Madh dhe njëkohësisht tërhoqi Njohjen e kësaj Lozhe nga ana e saj.

Ky ishte fillimi i një përçarjeje në zinxhirin e Muratorisë botërore, që ka zgjatur për më shumë se një shekull. Të gjitha Lozha e Madhet nëpër botë e cilësojnë Orientin e Madh si një Lozhë të Parregullt. Në vitin 1913, në Francë u krijua një Lozhë e Madhe e tretë e Madhe. Prej asaj kohe ekzistojnë: Orienti i Madh, grupimi më i madh; Lozha e Madhe Franceze, e dyta nga madhësia (Lozhë e Madhe e Rregullt, por e papranuar nga Lozha e Madhe e Madhe Angleze) dhe Lozha e Madhe Kombëtare Franceze, për nga numri më e vogla, por e pranuar nga zinxhiri Botëror i Lozhave, që i përmbahet "Detyrimeve të Vjetra" dhe "Rregullave Themelore".

Qeveria e Vishysë (Vichy) ua ndaloi veprimtarinë Lozha e Madheve franceze. Pasuritë u konfiskuan dhe pronat u nxorën në ankand. Shumë Muratorë të Lirë, kundërshtarë të okupimit nga trupat naziste, iu bashkuan Rezistencës. Në vitin 1943, Lozhat franceze filluan përsëri nga puna, por jo në Francë; në kolonitë e tyre në Afrikë. Pas Luftës së Dytë Botërore, të tri Lozha e Madhet Franceze i fituan përsëri të drejtat e tyre dhe vazhduan punën.

Muratorët e Lirë francezë i thelluan dhe i zgjeruan më tej zakonet e Muratorëve të Lirë. Në Lozhat e tyre u zhvilluan, përpunuan dhe përparuan idetë e mendimet e Epokës së Iluminizmit, të vetëdijësimit, të demokracisë dhe liberalizmit perëndimor, ide këto të përparuara të shekujve XVIII, XIX dhe XX. Një pjesë e Muratorisë franceze u angazhua në politikë dhe ishte faktor i rëndësishëm gjatë periudhave të Revolucionit Francez, Periudhës së Restaurimit, në republikat pasardhëse franceze e dekada me radhë. Kësaj pjese ekzoterike të Muratorisë franceze i qëndron në ballë një pjesë tjetër Muratorësh të Lirë, të cilët punojnë me sistemin e rregullt të Ritit Skocez të Përsosjes me 33 Grada, dedikuar ruajtjes e zhvillimit të Traditën së Vjetër Muratorike, e cila e "mënjanon politikën në Lozha dhe i jep përparësi ezoterikës".

VI. Muratoria e Lirë gjermane: Kalorës, Vëllezër të Urdhrit, humanistë

Lozha e parë në Gjermani u krijua në vitin 1737, në qytetin e Hamburgut. Lozha "Loge d´Hambourg", e cila më vonë u quajt "Absalom zu den drei Nesseln" dhe sot e kësaj dite mban numrin një në regjistrin themeltar të Lozhave të Bashkuara të Gjermanisë.

Që në krijimin e saj, "Loge d´Hambourg" e mbrojti me vendosmëri idenë e lirisë së njerëzve, gjë që nuk qe e vetëkuptueshme për kohën, pasi duhet të kemi parasysh që shtetet gjermane udhëhiqeshin në mënyrë absolute. Jo vetëm kaq, por kjo Lozhë ishte edhe pro ndërgjegjësimit, lirisë së mendimit, si dhe për të drejtën e lirisë së mbledhjes apo dhe të organizimit të njerëzve në vende publike.

Partikularizmi gjerman, rezultat i një historie vërtet të mbushur me vuajtje, e pengonte krijimin e një Muratorie të përgjithshme në tokat gjermane. Në Prusi, Muratoria u pranua nga Frederiku II. Ai ishte anëtar i një Lozhe që në kohën kur ishte princ, në vitin 1738, dhe vazhdoi të jetë edhe kur u bë mbret në Berlin. Shumë shpejt u krijua një Lozhë në Breslau, nga ku u krijua edhe Lozha e Vjenës dhe një Lozhë në Frankfurt mbi Mein. Por s'qe e mundur të krijohej një Lozhë e Madhe; jo vetëm kaq, por nuk ishte i mundur asnjë lloj sistemi Muratorik.

Sukseset e para të mëdha nuk u arritën nëpërmjet sistemit anglez të Muratorisë. Më të suksesshme dolën lidhjet kalorsiake, siç ishte Lidhja "Strikte Observanz" apo lidhja tjetër "Klerikat". Njëlloj si në Francë, edhe në Gjermani, më tërheqëse e më të mrekullueshme ishin legjendat e vjetra. Si pasojë u kërkua të rinovohen "Kalorësit e Urdhrit të Templarëve". Në këtë lidhje, roli i aristokratëve ish tepër i dobët, pasi aristokratët gjermanë nuk përziheshin në rrjedhat e ngjarjeve të provincave të tyre. Këta urdhra ishin të përbërë nga Mjeshtër ushtarakë, "Priori" e "Subpriori", të cilët mbanin uniformën e Urdhrit: një pelerinë e bardhë me një kryq të kuq, shpata dhe përkrenarja.

Ata mundoheshin jo vetëm të kalonin kohën e lirë në një mënyrë elitare, por, tek-tuk, merreshin edhe me çështje politike. Njerëzit e thjeshtë kishin të drejtën të ngjiteshin deri në rangun e Kalorësit. Anëtarëve iu mblidheshin taksa dhe me shumën e parave të mbledhura mendohej të krijohej një sistem social-shoqëror, që të ishte në gjendje të paguante pensionet në të ardhmen. Këta burra, sipas mendimit të historianit gjerman Lenhoff, ishin të mirë dhe të ndershëm, por matematikanë dhe llogaritarë të këqij për të menaxhuar një sistem të tillë social. Ishte e pamundur që në rrethet e këtyre burrave të mirë e të ndershëm të mos infiltroheshin dallaveraxhinj e matrapazë nga të gjitha anët. Një sistem i tillë ishte si një hoje mjalti që tërhoqi shumë gënjeshtarë, tregtarë të rremë dhe manipulues, siç qenë: Rosa, Xhonsoni e Gulgomosi. Të gjithë këta vetëquheshin "mendjendritur", sepse, sipas tyre, vetëm atyre iu qe dhënë "sekreti" e veç këta kishin në dispozicion dokumente dhe certifikata, të cilat provonin vërtetësinë e gjithçkaje që predikonin. Këta ishin mbrojtësit e Sekreteve të Vjetra, të ardhura nga lashtësia, gjithmonë sipas tyre.

Në vitin 1772 u mbajt një konventë, ku të pranishëm qenë 27 princër gjermanë. Në këtë konventë u zgjodh "Magnus Superior Ordinis Germaniam Inferiorem" Duka i Braunshveigut. Të pranishmit në konventë u betuan se do t'u bindeshin në mënyrë strikte gjithë rregullave të Urdhrit, ndaj edhe u zgjodh një emër i tillë për këtë lidhje. Me Muratorinë, në kuptimin anglez të lidhjes, kjo organizatë nuk kishte asgjë të përbashkët ose, thënë ndryshe, kjo lidhje ishte komplet në kundërshtim me Muratorinë e Lirë angleze.

Këto "lojëra kalorsjake" u shkatërruan shpejt si pasojë e dobësisë së brendshme, si dhe boshllëkut shpirtëror që i karakterizonte. Gëte, anëtar i Lozhës "Amalia", që nga viti 1780, e cilësonte "Strikte Observanz" si "një maskaradë të vërtetë", ndërsa Herder e quante "kurrgjë, një hiç". Nga viti 1808, Gëte, së bashku me Ludvig Shrëderin, që vinte nga Hamburgu, ca më vonë edhe Hufeland, treguan interesa të mëdha për krijimin e një Muratorie të vërtetë, të pastruar nga maskaradat. Për këtë lloj Muratorie, ai punoi me devotshmëri të madhe, gjë që u pasqyrua edhe në poezitë e shkrimet e tij mbi/ dhe për Lozhën.

Më 1872, në Konventën e Vilhelmsbadenit, "Strikte Observanz" u shpërbë. Ashtu dhe "Klerikat", një urdhër kalorsiak me tendenca të forta fetare, të cilit i kishte kaluar koha. Tashmë, kish ardhur koha që të përkraheshin lëvizjet e bazuara në emancipimin dhe edukimin e shoqërisë civile, sepse kjo frymë ishte më e nevojshme se disa kalorës qesharakë me shpata në duar, të cilët, tani e tutje, do të dukeshin më bukur në vitrinat e muzeve. Mjerisht, pas shpërbërjes së saj, "Strikte Observanz" i la pas Muratorisë gjermane një emër, që nuk mund të riparohej lehtë. Një emër sa pa shkëlqim, aq edhe pa nder, për të cilin Muratoria gjermane do të mbante përgjegjësi për një kohë të gjatë. Me mendimet dhe veprimet e pandershme që kishte praktikuar, "Strikte Observanz" bëri të mundur që në publik dhe në jetën e përditshme të krijohej një opinion, sipas të cilit Muratoria e Lirë, me "sekretet e saj", duhet patjetër t'i kish rrënjët në Urdhrat e Vjetër Kalorësiakë, sepse, meqenëse e vërteta është e thjeshtë, edhe simboli duhet të jetë i thjeshtë.

Dhe për Lesingun, mendimtarin dhe analistin fort të kthjellët e të mprehtë gjerman, "Strikte Observanz" nuk është gjë tjetër veçse një "ëndërrim", ndërsa anëtarët e saj nuk ishin kurrgjë më shumë sesa ca idealistë imagjinarë. Ndërsa, për Klerikatin, mendonte se u krijua nga misionarë, që mundoheshin të konvertonin protestantët në katolikë. E megjithatë, mund të thuhet që lidhje të tilla sekrete ngjallën interes te mjaft burra gjermanë të shek. XVIII.

Zhvillimet serioze të mëvonshme bënë të mundur të krijoheshin formacione të reja Muratorike, ku secili prej tyre kishte profilin e vet individual. Deri në vitin 1933, në Gjermani numëroheshin këto Lozha e Madhe të Mëdha:

1. Lozha e Madhe "Tek 3 Globet" (Zu den 3 Weltkugeln), themeluar në Berlin në vitin 1744 /1772.

2. Lozha e Madhe e Madhe e Prusisë "Për Miqësinë" (Zur Freundschaft), themeluar në vitin 1798.

3. Lozha e Madhe e Shteteve Gjermane, (Urdhër i Muratorisë së Lirë), themeluar në vitin 1770.

4. Lozha e Madhe e Hamburgut e themeluar në vitin 1811.

5. Lozha e Madhe e Mbretërisë së Hanoverit (më vonë Orienti i Madh i Vestfalenit).

6. Lozha e Madhe Nënë e Lidhjes Muratorike Eklektike (e zgjedhur) të Frankfurtit.

7. Lozha e Madhe "Tek Harmonia" (Zur Eintracht) e Darmstatit.

8. Lozha e Madhe e Sashsenit, themeluar në vitin 1811.

9. Lozha e Madhe "Tek Dielli i Bayreuthit" (Zur Sonne Bayreuth), themeluar në vitin 1811.

10. Lozha Nënë "Lozha në Rritje tek 3 Çelësat" (Die Wachsende zu den 3 Schlüsseln), në Regensburg.

11. Zinxhiri i Madh Vëllazëror Gjerman, themeluar në Lajpcig në vitin 1924.

12. Lidhja Muratorike "Tek Diellit që Lind" (Zur aufgehenden Sonne)

13. Lozha e Madhe Simbolike e Gjermanisë, 1931.

Më lart janë të përfshira vetëm lidhjet më të rëndësishme Muratorike në Gjermani, duke filluar nga shekulli XVIII, deri në vitet 30 të shekullit XX.

Partikularizmi Gjerman

Eveçanta e njohur e konceptit gjerman pasqyrohet qartë edhe në gjendjen e Lozhave në Gjermani. Sisteme të ndryshme të Muratorisë u themeluan dhe zhvilluan krijimtarinë e tyre në tokat gjermane, që nga shekulli i XVIII. Nganjëherë ndodh që ritualet të shkojnë konform me ritualet angleze, pastaj ndryshojnë përsëri ose dalin në pah tendenca fetare, apo shpërfaqen edhe ide humaniste, të cilat mbizotërojnë ritualin e zhvilluar në Lozhë. Kohë pas kohe gjërat ndryshojnë. Por, njëkohësisht, ndryshojnë edhe ritualet nga njëri vend në tjetrin. E megjithatë, të gjitha Lozha e Madhet, dalëngadalë, fitojnë profilin e individualitetin e tyre. P.sh: të tri Lozha e Madhet e Prusisë mund të karakterizohen si Lidhje me tendenca kombëtare. Ato të Gjermanisë jugore dhe asaj perëndimore janë më tepër të një karakteri humanitar, ndërsa në veri të Gjermanisë, ku Urdhri Muratorik është më i shpërndarë, është shumë më i pranishëm aspekti protestant i krishterë.

Shpeshherë është punuar edhe për bashkimin e këtyre Lozhave, por pa shumë sukses. Shoqëria gjermane e shekullit të XIX nuk pati dhe as bëri ndonjë revolucion të suksesshëm. Ajo nuk ishte si shoqëria franceze apo italiane, të cilat ndërtuan strukturat e reja të shteteve të tyre, njëkohësisht duke i emancipuan këto shoqëri, nëpër vazhdat e ndryshimeve përmes revolucioneve. Shoqëria gjermane, në strukturat e saj shtetërore, nuk pati ndryshime të tilla. Demokracia në Lozhat gjermane nuk kishte kuptimin fillestar të demokracisë sipas modelit perëndimor, gjatë periudhës perandorake.

Lozhat gjermane luanin një rol fare të dobët në jetën politike të vendit. Si pasojë e efikasitetit të papërfillshëm në ngjarjet e përditshme, Lozhat gjermane u orientuan më shumë brenda vetes, duke kultivuar një jetë të pasur Muratorike, e cila solli zhvillime vërtet pozitive për këtë lidhje burrërore. Vetë fakti që burra si Gëte, Herder, Fishte, Fridrih Shlegel, Hufeland, por dhe Adam Vais'haupt e Knigge, themelues të Lidhjes së Iluminatëve, që i përqafuan dhe i thelluan idetë dhe ritualet e Muratorisë së Lirë, është një dëshmi që tregon për zhvillimet pozitive të këtij procesi ndriçues në Gjermani. Ndoshta, vëzhguar në aspektin kohor afatshkurtër, të krijohet përshtypja sikur mundi dhe djersa e këtyre burrave të mëdhenj s'patën ndonjë ndikim të madh në jetën e Lozhave e Lozha e Madheve. Por, ringjallja, rinovimi, rikthimi i ritualeve, duke u komentuar në domethënien e vërtetë të tyre, siç e bëri të mundur Ludvig Shrëder (Ludwig Schroeder), patën një ndikim tepër të fuqishëm jo vetëm për brezat e ardhshëm të Muratorisë së Lirë gjermane, por edhe të asaj botërore. Autorë të mëdhenj gjermanë, si: Gëte apo Tomas Man, e ndjenë qenien e Muratorisë një domosdoshmëri të rëndësishme, duke e bërë atë pjesë të veprave të tyre.

Në Lozhat gjermane i përkushtohet një vëmendje mjaft e veçantë anës ezoterike. Përveç kësaj, toleranca dhe humanizmi u bënë pjesë të pandara të një Gjermanie të ndarë, si politikisht, ashtu edhe nga pikëpamja fetare.

Toleranca dhe humanizmi u bënë ideale udhërrëfyese për shoqërinë gjermane. Falë Lesingut, fjala "tolerancë" u formësua në një kuptim komplet tjetër. Ai e përkufizoi këtë fjalë si ndjenjë; një ndjenjë sinqeriteti me përmbajtje ndjenjash shpirtërore dhe jo si një durim formal të dikujt tjetër, qoftë ky njeri apo ide. Toleranca, sipas tij, s'ka të bëjë aspak me indiferentizëm apo njëfarë njëllojshmërie për gjërat që ndodhin në jetë. Të jesh tolerant do të thotë ta kuptosh e ta pranosh tjetrin ashtu siç është. Herder, nga ana tjetër, duke e ngritur në piedestal rëndësinë e të qenit njeri human, ndriçoi kuptimin e vërtetë të fjalës "humanizëm".

"Detyrimet e vjetra" angleze, u përpunuan në mënyrë shumë të hollë filozofike, u thelluan, u arsyetuan dhe u përvetësuan. Me plot gojën mund të thuhet se varianti i humanizmit klasik është një kontribut që i dedikohet kryekëput vetëm Muratorisë së Lirë gjermane. Si të gjithë Muratorët e tjerë, edhe Muratorët gjermanë dhanë kontributet e tyre intensive dhe mjaft të vlefshme si në fushën e ndihmave bamirëse, ashtu dhe në ato pedagogjike. Dy ishin problemet kryesore, me të cilat qenë të përballur si Muratorët humanistë, ashtu edhe ata kristianë në Gjermani: Përdorimi i sistemit të Gradave të Larta apo vetëm sistemi i Shën Gjonit, Lozhat Blu? Dhe përherë e më shumë çështja e hebrenjve, ku disa Lozha zhgënjyen me sjelljet e tyre.

Kundërshtarët e Muratorëve të Lirë në Gjermani ishin më shumë të pozicionuar në anën e klerit, sesa në anën e nacionalistëve gjermanë. Bëhet fjalë për periudhën e para Luftës së Dytë Botërore. Gjenerali gjerman, Erih Fridrih Vilmhelm Ludendorf (Erich Friedrich Wilhelm Ludendorf), shikonte në lidhjen e Muratorisë së Lirë një lloj "lidhje hebrenjsh artificialë", edhe pse antisemitët ishin dhe janë vërtetë armiq të Muratorisë së Lirë. Idetë themelore të demokracive perëndimore, ato të iluminizmit, vetëdijësimit, mëndjedriturisë dhe liberalizmit ishin inspiruese për shumë gjermanë, që, parë nga ana historike, mezi arritën të bëjnë bashkimin kombëtar në shekullin XIX , e këtë e kryen me dhunë. Gjatë kohës së Rajhut III (Reich III) e gjunjëzuan Europën nëpërmjet diktaturës, luftës dhe vrasjeve të urryera e të pavlefshme.

Për çfarë u duheshin atyre humanizmi e toleranca?! Poeti austriak, Franc Grilparzer (Franz Grillparzer), (nuk ishte Murator i Lirë) kishte dhënë prognozën e tij në shekullin XIX: "Rruga e humanizmit po kaloi nga nacionaliteti përfundon te kafshëria" (shtazëria, mizoria).

Shtrohet pyetja: si ishte e mundur që humanizmi dhe sjelljet humane, të cilat praktikoheshin ndër Lozha, nuk patën efektin e duhur e të nevojshëm në masat e gjëra të popullsisë gjermane?

Kjo pyetje ka rëndësi shumë të veçantë për kontinentin europian. Terrori shtetëror i ushtruar nga nacional-socializmi (ashtu si socializmi shtetëror dhe komunizmi) nuk lënë hapësirë as për tolerancë e as për të drejtat e njeriut, d.m.th, nuk lënë vend për qenien, vlerat dhe nderin e tjetrit.

Është fakt që të gjitha shtetet gjermane kishin shkolla, gjimnaze apo dhe universitete humane. Por, në fillim të shekullit, rreth viteve 1900, thuajse të gjitha e kishin humbur fuqinë e tyre të vërtetë edukuese për njerëzimin. Humanizmi ishte kthyer më tepër në një ekzistencë filologjike, pra ishte kthyer ashtu siç kish qenë në fillimet e tij. Masat e njerëzve e kishin më të kollajshme që t'iu bindeshin programeve partiake dhe, mbi të gjitha, ideologjisë dhe propagandës së tyre, sa t'i bindeshin apelit për më shumë arsyetim e vetëpërmbajtje. Humanizmi dhe toleranca vlerësoheshin si fjalë boshe, ndërsa të drejtat e njeriut, të arritura me aq shumë mund e sakrifica, shiheshin e cilësoheshin si diçka antikombëtare, si një pjellë liberalo-perëndimore, në kuptimin më cinik të fjalës.

Shumë njerëz ishin thuaj të gatshëm që, për të arritur "Madhësinë Nacionale" të Gjermanisë, të shkelnin edhe mbi kufoma. Nacional-socialistët arritën deri atje sa me propagandën e tyre të manipulonin keq historinë, duke gënjyer e mashtruar mbi madhësinë e Prusisë së dikurshme. 80 mijë Muratorëve që jetonin në Prusinë e vjetër iu vështirësua jeta së tepërmi, pasi ishte gati e pamundur t'i kundërviheshe diktaturës naziste. Në raport me popullsinë, 80 mijë nga 80 milionë, shihet qartë se bëhet fjalë për një minoritet të vogël në Gjermani. Bashkë me hebrenjtë, Muratorë e Lirë u damkosën si armiq të regjimit. Kështu, shumë prej tyre përfunduan në kampet naziste të përqendrimit dhe në dhomat e gazit vdekjeprurës.

Që prej vitit 1934 dhe mbrapa u ndalua rreptësisht veprimtaria dhe aktiviteti i Lozhave. Propaganda naziste e periudhës së luftës nuk e reshti asnjëherë sulmin ndaj Muratorisë së Lirë së vendeve të tjera perëndimore. Nga viti 1945 e deri më sot pothuajse nuk ka asnjë parti apo grupim i çfarëdo lloji qoftë në Gjermani, që të mos jetë i bazuar në tolerancë dhe humanizëm. Idealet e Muratorisë së Lirë tashmë janë bërë pjesë e programeve dhe direktivave të të gjithëve, madje edhe vetë kundërshtarët e tyre iu përmbahen këtyre idealeve.

Edhe një sqarim rreth Muratorëve gjermanë: deri tani nuk është vërtetuar ndonjë lidhje apo vazhdimësi ndërmjet punishteve të ndërtimit të mesjetës e Lozhave Muratorike në tokat gjermane. Ekzistojnë vetëm disa plane (skica e vizatime teknike) dhe rregullore ndërtimi, të cilat janë përdorur për ndërtimin e kishave dhe të katedraleve në Gjermani. Sipas historianit gjerman të shekullit të XX, Rajnhard Koselek (Reinhard Kosseleck), lidhjet kalorsiake në të vërtetë u shpërbënë, por Muratoria e Lirë gjermane u "mbyll" fort në vetvete ose, e thënë ca më pak miqësisht: Muratorët gjermanë, në momente të caktuara, nuk ishin të aftë dhe të gatshëm të ndërmerrnin ndonjë lloj aksioni politik dhe si pasojë e përfunduan në një apati të gjatë.

Por mund të shihet edhe në anën tjetër. Ndër Lozha nuk u zhvillua revolucion, përkundrazi - evolucion. Në Lozha gjeti mbështetjen një lloj emancipimi civil, që dalëngadalë u bë pjesë e moralit të popullit gjerman. Deri në përfundim të Luftës së Dytë Botërore, utopia e Lesingut nuk u bë realitet. Utopia e tij kishte të bënte me veprimet e drejta të Muratorëve, të cilët kishin si qëllim të vetëm vetedukimin e njeriut dhe marrjen nga e ana e tij të një rruge të drejtë, bazuar vetëm mbi një moral të drejtë dhe mbi vendime të drejta. Muratorët e Lirë nuk mund të bëjnë një reformë botërore, por janë në gjendje të krijojnë një kornizë kushtetuese drejtësie për një numër jo të vogël burrash, të cilët, duke u bazuar në këtë kornizë kushtetuese, shtrojnë rrugën e mbarë drejt humanizmit, tolerancës e respektit ndaj njeriut, ashtu edhe ndaj shoqërisë ku jetojnë.

Brutaliteti kundër humanizmit

Gjatë regjimit të Republikës së Vaimarit (Weimar) 1918-1933, Muratorët e Lirë u përballën vazhdimisht me politikën e këtij regjimi. Kundërshtari kryesor i tyre ishte gjenerali Ludendorf dhe gruaja e tij Matilda. Sulmet e tyre ndaj Muratorisë së Lirë ishin të bazuar në gënjeshtra, padituri e paragjykime. Ata mendonin se mund t'i shkatërronin Muratorët duke zbuluar "sekretet e tyre". Megjithatë, kundër sjelljeve paranojake, Kryemjeshtrit gjermanë protestuan dhe u mbrojtën mirë, me një vendosmëri të madhe.

Nacional-socialistët nuk e zgjatën fare dhe me ngut të madh i bënë Muratorisë së Lirë në Gjermani një proces shumë të shkurtër. Në vitet 1933-1934 i detyruan Lozhat të "mbylleshin vetë". Në pamje të parë duket sikur kemi të bëjmë me një veprim legal, por gjatë procesit të "vetëmbylljes", Lozhat u plaçkitën, u terrorizuan, mbi Muratorët u ushtrua dhunë fizike e disa prej tyre u vranë. Propaganda naziste trumbetonte më të madhe tezën, e cila nuk ka ekzistuar kurrë, që Muratoria e Lirë botërore, së bashku me hebrenjtë e bolshevikët, i kanë vënë si qëllim vetes të shkatërrojnë dhe shpërbëjnë Rajhun III (shteti gjerman, 1933-1945). Pamflete e karikatura të pafundme nuk pushonin së vëni në lojë e nuk reshtnin së demaskuari si Çërçillin, ashtu edhe Ruzveltin.

Viktimat nga Muratoria Gjermane mund të shihen në hulumtimet e Jyrgen Holtorfit (Jürgen Holtorf) dhe janë si vijon:

Akuza personale u ngritën kundër Muratorëve të Lirë të 91 Lozhave. Nga 4800 Muratorë, bazuar në hulumtimet e pasluftës, që i bie të jenë 6% nga 80 mijë anëtarë në vitit 1933,

1750 ndërruan jetë nga vdekje natyrore;

62 u vranë;

238 u dëbuan nga Gjermania;

133 janë të zhdukur, prej të cilëve nuk është gjetur asnjë gjurmë;

254 iu dëmtua pasuria;

377 humbën postin që kishin;

285 humbën profesionin që ushtronin;

53 përfunduan në kampe përqendrimi;

44 morën pjesë në luftën kundër nazizmit.

Pas luftës u llogaritën edhe dëmet financiare që iu shkaktuan Lozhave. Hulumtimet u kryen vetëm për 151 Lozha, pra për një pjesë mjaft të vogël dhe dëmi kapte vlerën 75 milionë marka të Rajhut, përafërsisht, sot 100 milionë euro.

Përpara Rajhut III, Muratorët gjermanë ishin të organizuar në 9 Lozha e Madhe. Pas 1949-s u ndërmorën hapa konkretë për një riformim të Muratorisë. Nisma e parë ishte mbledhja e të gjitha Lozha e Madheve në Kishën e Shën Paulit në Frankfurt, për të krijuar një "Lozhë të Bashkuar" të Gjermanisë. Pas përpunimit të "Magna Charta", në vitin 1958, "Lozhës së Bashkuar" të Gjermanisë iu bashkua dhe "Lozha e Madhe e Madhe e Shtetit Gjerman", "Lozha e Madhe Nënë e Kombit Gjerman", si dhe Lozha e Madhe "Tek 3 Globet", e cila u anëtarësua në vitin 1970. Muratorët anglezë, kanadezë dhe amerikanë kishin krijuar dy Lozha e Madhe në Gjermani. Së bashku me to, në Gjermani ekzistojnë 5 Lozha e Madhe të Mëdha, të ashtuquajtura Lozha të Rregullta, të gjitha të bashkuara nën ombrellën e Bashkësisë së Lozha e Madheve Gjermane.

Vëllazëria e të pesta Lozha e Madheve ka një Kryemjeshtër të Madh, një Senat dhe një Konventë të Përbashkët. Secila Lozhë e Madhe ka ruajtur strukturën tradicionale që ka pasur, si dhe e ka mbajtur të pandryshuar hierarkinë e saj. Në momentet për të cilat po flasim, gjendja e Muratorisë Gjermane ishte e tillë:

1 - Lozha e Madhe Gjermane e Muratorëve të Vjetër, të Lirë dhe të Pranuar, me 223 Lozha;

2 - Lozha e Madhe e Madhe e Shtetit Gjerman, me 27 Lozha;

3 - Lozha e Madhe Nënë e Kombit Gjerman "Tek 3 Globet" me 24 Lozha;

4 - Lozha e Madhe e Madhe Amerikano-Kanadeze, A.F & A.M (Ancient Free and Accepted Masons) me 43 Lozha;

5 - Lozha e Madhe e Madhe Britanike me 14 Lozha.

Kjo ishte gjendja rreth viteve '80. Më vonë, pas vitit

1990, në anën lindore të lumit Elbë u krijuan dhe Lozha të tjera. Lozhat e vjetra tradicionale dhe Lozhat e reja qëndrojnë përpara të njëjtave detyra: humanizëm, tolerancë dhe vetedukim, pa u bazuar në dogma apo mendime fikse.

Muratoria e Lirë gjermane duhet të çrrënjosë çdo qelizë me tendenca nacionaliste në tokën gjermane dhe duhet të luftojë çdo lloj urrejtjeje ndaj të huajve apo çdo lloj neglizhence e indiferentizmi në shoqërinë e këtij vendi. Muratorët e Lirë gjermanë duhet t'i bashkëngjiten atij brezi Muratorësh, që me diturinë dhe mençurinë e tyre ndriçuan mendjet e njerëzimit ndër epoka të ndryshme (Gëte, Lesing, Herder, Fishte).

Bashkëpunimi i ngushtë i të gjitha lidhjeve Muratorike perëndimore, siç janë Lozha e Madhe angleze, franceze, italiane dhe ajo spanjolle, me Lozha e Madhet e reformuara të vendeve të lindjes, përfundon në idenë që së bashku do mundohen për më shumë liri, drejtësi dhe paqe në Europë; në një Europë të bashkuar humanizmi, tolerance e respekti, ku Muratorët e Lirë do jenë vlera të pamohueshme.

Ç'mendojnë Muratorët gjermanë për humanizmin? Muratori i Lirë Herder, e formulonte kështu: "Të gjitha pyetjet mbi vazhdimësinë e gjenisë sonë, sipas pikëpamjes sime, kanë si përgjigje një fjalë të vetme: humanizëm. Humanizmi është edhe karakteri i vetë gjenisë sonë. Sidoqoftë, ai është brenda nesh që nga lindja, por, më vonë, shprehet vetëm nëpërmjet edukimit. Ne nuk e sjellim të plotë kur vijmë në këtë botë, por këtu ai duhet të jetë qëllimi i çdo lodhjeje, si edhe rezultati i të gjitha përgatitjeve dhe vlerave tona, sepse te njerëzit nuk janë shfaqur tipare engjëllore, edhe nëse demonët që na komandojnë nuk janë njerëzorë. Atëherë, mbetemi vetëm shpirtra mundues për njerëzimin. Domethënë, gjëja e vetme hyjnore e njeriut është edukimi i humanizmit. Të gjithë njerëzit e mirë dhe të mëdhenj: juristë, shpikës, poetë, filozofë, artistë dhe çdo njeri i ndershëm, në edukimin e fëmijëve të tij dhe me vëmendjen që i kushton detyrimeve të veta, me zell ka ndihmuar nëpërmjet një shembulli real të përjetuar, nëpërmjet veprash, institucionesh e mësimesh. Humanizmi është arti i gjenisë sonë. Edukimi i tij është një vepër që duhet të vazhdojë pa ndërprerje ose ne kthehemi mbrapsht dhe bëhemi përsëri të egër dhe brutalë".

VII. Muratoria e Lirë në Itali. Mjeshtërat e ndërtimit të kombit dhe Kurija e Vatikanit

Italia në 70 vitet e para të shekullit të XVIII ishte vetëm një emër gjeografik. Lozhat qenë themeluar në Firence dhe Livorno, në mbretërinë e Napolit, në Milanon austriake, në Romë, në Republikën e Venedikut, si dhe në shtetin e kishës. Dhe të gjitha këto Lozha u krijuan nga të huajt, madje edhe ritualet ishin angleze ose franceze.

Në Lozhat italiane takoheshin e punonin së bashku si katolikët, ashtu edhe protestantët apo hebrenjtë. Vetëm kjo mjaftonte që, në sytë e kishës, Muratoria të quhej një herezi e vërtetë. Veç kësaj, anëtarët e Lozhave qenë mendjendritur racionalistë e deistë. Papa Klementi XII, i cili ishte i sëmurë e pothuajse e kish humbur fare dritën e syve, nënshkroi më 1738-n një bullë të përgatitur nga kardinalët e tij: "In eminenti". Me këtë dokument, ai mallkonte gjithë Muratorë e Lirë, ashtu siç kishte mallkuar paraardhësi i tij jansenistët (lëvizje opozitare brenda gjirit të kishës katolike gjatë shekujve 17-18, e bazuar mbi mësimet mëshiruese të Augustinusit). Kjo ishte një klimë jo shumë e favorshme për Muratorinë e

Lirë në Itali, gjatë fillimeve të saj.

Në territoret italiane, të gjitha shtetet që gjendeshin në këto toka udhëhiqeshin nga mbreti dhe kisha, prandaj Muratorëve të Lirë u duhej të punonin në fshehtësi të plotë. Ata u përjashtuan nga kisha (shkishëruan), u ndoqën penalisht, u mbyllën në burgje, u dënuan me burgim të përjetshëm e disa prej tyre, fatkeqësisht, edhe u vranë. Dijedhënës, mendjendritur, racionalistë, deistë e ateistë, të gjithë duhej të fshiheshin, të tërhiqeshin nga jeta publike dhe të mbyllnin gojën, sepse, përndryshe, rrezikonin jo vetëm jetën dhe karrierën e tyre, por edhe atë të familjeve. Bëhej fjalë për jetë a vdekje.

Revolucionin francez, Kurija e Vatikanit (organet drejtuese të Vatikanit) e quajti një sulm mbi fronin dhe altarin, pra u sulmua mbreti e kisha dhe pa hezitimin më të vogël u fajësuan Lozhat si organizatore të këtij revolucioni. Ushtritë e Napoleonit pushtuan gjithë Italinë. Papës iu desh të ikte në mërgim. Kisha nuk kishte as simpatinë më të vogël për Lozhat, aq më tepër për Lozhat ushtarake, që udhëhiqeshin nga burrat e Napoleonit. Këto Lozha sollën nuanca të reja në marrëdhëniet ndërmjet dy motrave latine të Italisë dhe Francës.

Por, për ata që humbën fronin dhe për simpatizantët e tyre, vëllazëria e re e krijuar ishte më tepër një llahtari sesa një ide tërheqëse. Në këtë kohë ndodhi diçka, që mbeti e paharruar në historinë e Italisë: Mbretërinë e Re e udhëhiqte thjeshtri i Napolonit, Eugène-Rose de Beauharnais (djalë i sjellë me vete nga Jozefina, gruaja e Napolonit), si zëvendës-mbret, por, njëkohësisht dhe Kryemjeshtër. Një bashkim i parë i Italisë (sigurisht nën kujdestarinë franceze) u arrit ndërmjet Burrave, që ishin

Muratorë të Lirë. Edhe Mbreti i Napolit, Joakim Murat, vepronte si një Kryemjeshtër Murator.

Pasi perandorisë i erdhi fundi, pas shumë luftërave napolonike, strukturat feudale të Europës së vjetër duhej të rikrijoheshin politikisht. Pas kthimit të Papës nga mërgimi, Kurija e Vatikanit, pa humbur kohë e në mënyrë konsekuente, iu kundërvu Muratorëve të Lirë. Si pasojë e zhvillimeve të tilla, Vëllezërve italianë iu desh që, në vitin 1814, të ndalonin aktivitetin e tyre. Në këtë kohë del në skenë një lidhje tjetër, e cila, për dekada me radhë, zhvilloi aktivitetin e saj në Itali. Bëhet fjalë për lidhjen e Karbonarëve (Carbonari). Në krahasim me Muratorinë e Lirë, që gjatë kësaj periudhe ishte tepër e dobët, Karbonarët qenë me të vërtetë një lidhje e fshehtë politike. Papët e Romës edhe këtë lidhje e mallkuan dhe e futën në një thes me "Muratorët". (Carbonare - Qymyrxhinjtë nuk kishin të bënin as me Mafian e Siçilisë e as me Kamorrën e Italisë së jugut. Nuk qenë organizata kriminale, por bashkësi politike).

Që nga mesi i shek. XVIII, Muratoria në Itali filloi të "lulëzonte" përsëri. Qëllimi i Muratorëve italianë ishte bashkimi dhe rilindja e shtetit italian. Verbalisht apo edhe politikisht, shumica prej tyre u aktivizuan për rilindjen (risorgimento) e atdheut dhe vendit të tyre, sido që pjesa veriore e Italisë i përkiste Papës. Muratorët italianë nuk shihnin ndonjë kundërshtim ndërmjet punës së tyre në Lozhë dhe aktivizimit në politikë. Idetë e një vëllazërie të përtejkufijshme u përdorën në aspektin politik për bashkimin e vendit, në një Itali të zaptuar e të copëtuar nëpër shtete të vogla e pa asnjë rëndësi të veçantë.

Qëndrimet racionale e pozitive të Muratorisë qenë në kundërshtim me kozmosin fondamentalo-katolik të besimit e "nënshtrimit" nga ana e kishës. Këto qëndrime nuk ishin doemos të orientuara kundër fesë, por sigurisht që ishin antiklerikale e antikuriale. Muratorëve italianë nuk u kish mbetur rrugëdalje tjetër, pasi një situatë e tillë u krijua prej vetë papëve të Romës, të cilët mallkimin e dikurshëm e rinovonin nga pontifikati në pontifikat. Si rrjedhojë, Muratoria italiane, me gjithë kozmopolizimin e vëllazërinë universale të Muratorëve, u bë vërtet një Muratori kombëtare në shumë Lozha edhe antikuariate.

Në vitin 1861, si një zhvillim i veçantë i një pjese të Lozhës torineze "Ausonia", u krijua Orienti i Madh i Torinos, ku bënte pjesë Madre Loggia Capitulore Dante Aligheri (sipas ritit skocez me të 33 gradat e tij). Ekzistonin gjithashtu Orienti i Madh i Napolit, si edhe Orienti i Madh i Palermos, që drejtohej nga Kryemjeshtër, Heroi i Lirisë, Xhuzepe Garibaldi. Për një kohë të shkurtër, Garibaldi shërbeu devotshëm si Kryemjeshtri i të gjitha Lozha e Madheve italiane. Në rreshtat e kësaj Lidhjeje Burrash bënin pjesë shumica e patriotëve italianë, të cilët qenë shembuj pozitivë për shumë Vëllezër të tjerë.

Me arritjen e bashkimit kombëtar (në luftën kundër Austrisë dhe Shtetit të Kishës) u krijua mbretëria italiane, e udhëhequr nga Savojat. Në të njëjtën kohë edhe Muratorët filluan të bashkohen në të gjithë Italinë në një Muratori të Vetme. Në vitin 1869, në Firence, u mbajt një kongres, ku ishin të pranishme 150 Lozha. Në Romë u krijua një Orient i Madh i bashkuar me Kryemjeshtër Xhuzepe Masonin. Aksionet politike dhe ushtarake, si dhe referendumet popullore bënë të mundur bashkimin e Italisë.

Risorgimento (rilindja) u arrit nëpërmjet kooperimit të forcave radikale, revolucioneve liberale, si dhe monarkistëve. U krijuan parti politike moderne, që kishin qëllime të qarta për vendin. Lozhat paraqiteshin të përbëra jo vetëm prej Vëllezërve jopolitikë, por dhe nga anëtarët e partive të ndryshme. Pamjen e Lozhave nuk e zotëronin më mendjendriturit dhe filozofët e shek. XVIII, por burra që ishin vërtet të hapur për idetë e shek. XIX. Rilindja funksionoi mirë, meqë Italia u krijua mbi koston e shtetit të kishës e papëve të Romës iu desh të reduktonin influencën e territorin e tyre në shtetin e Vatikanit, si dhe meqë në bashkimin e kombit italian ishin aktivisht të përfshirë shumë Muratorë. Nëpër partitë e sapokrijuara dhe ndër postet qeveritare Muratorë e Lirë ishin një pjesë e rëndësishme përbërëse e organizatave, ndaj ishte më e lehtë për ta kuptuar politikën konstante dhe të përhershme armiqësore të Vatikanit kundër Muratorëve të Lirë.

Nga ana tjetër, Vatikani e shikon të vërtetën si një parti mbi partitë, përfundim të cilin kundërshtarët e vjetër të tij e argumentonin si një shprehje të një superpartie që synon të mbledhë të gjitha pushtetet në gjirin e saj. Muratorë antiklerikalë u angazhuan tok në kulturë, në arsim dhe edukim, gjë që përcolli si pasojë ngërçe politike e shoqërore. Si të veprohej me mësimin fetar nëpër shkolla? Të bëhej i detyrueshëm, apo jo? Në vitin 1869, papa Piu IX mbajti koncilin e parë të Vatikanit. Meraku më i madh i kishës ishte si të gjendej mënyra për të luftuar laicizmin, antiklerikizmin dhe, në përgjithësi, rritjen e ateizmit në shoqëri.

Muratorët italianë nuk e shikonin veten si antifetarë apo antikatolikë. Në partitë klerikale, ata kritikonin politikanët që e përdornin fenë, siç dhe e theksonte Kryemjeshtri i Madh Nathan: "Për ta rrëzuar Italinë dhe për ta çuar përsëri në robëri". Përherë e më shumë,

Orienti i Madh i Italisë e shihte veten si një fron i lirisë, tolerancës, respektit dhe edukimit qytetar, pra si një lidhje vëllazërore që qëndronte mbi zënkat partiake, si një përfaqësues i vlerave të vjetra humane për gjithë shoqërinë.

Përfaqësuesit e politikave të krishtera mbronin tezën: "Liria, për të cilën ju flisni dhe e mbroni nëpër Lozha, është robëria e kishës. Toleranca që ju po predikoni është hipokrizi. Kur shikoni ligjet laike që ka shteti, shkolla e krishterë luftohet nga ana juaj. Nuk jeni për mësim fetar në shkollë, kur ndarja e fesë nga shteti dëmton jo vetëm familjen, por edhe edukimin, fenë dhe kishën në përgjithësi." Kurja e Romës e shikonte shtetin kombëtar të sapokrijuar si një armik. Individualizmi përfaqëson një dukuri të veçantë të karakterit italian. Si pasojë e kësaj dukurie, edhe në Itali pati degëzime të shumta Muratorike, të cilat, shpeshherë, përfunduan dhe në "luftëra vëllazërore".

Të gjitha këto, kaq ndarje dhe degëzime, nuk mund të shiheshin njësoj siç vepronte Vatikani. Papa Pius IX dhe Leo XIII e gjykonin "Urdhrin e 33 gradave" (kështu quheshin Muratorët e Italisë me përbuzje) si organizatë që punon vetëm për "shkrishterimin" e Italisë.

Vatikani për gjithçka që ndodhte e mund të ndodhte në Itali bënte përgjegjës Muratorët. Në vitin 1892, Papa Leo XIII publikoi Bullën "Inimica Vic", në të cilën Muratorët u demonizuan si një sekt. Ai i stigmatizonte pothuaj të gjithë ata persona që "fshihen pas maskës së tolerancës universale dhe respektit kundër çdo lloj feje, që në çmendurinë e tyre Maksimat e Evangjelizmit duan t'i bashkojnë me ato të revolucioneve, që barazojnë Krishtin me Belialin dhe që ndajnë kishën nga shteti në një shtet pa zot".

E vërteta është që Muratoria italiane, nën udhëheqjen e Kryemjeshtërve të Mëdhenj, Adriano Lemi (1855-1896) dhe Ernesto Nathan (1896-1904), përjetoi një periudhë të artë. Ky ishte shkaku kryesor pse veprimtaria e tyre dhe "sekretet e tyre Muratorike" shiheshin negativisht dhe i fajësonin ata për ruajtjen e këtyre "sekreteve" si në një kasafortë. Nuk ishte ndonjë ndihmë e madhe edhe pse Vëllezërit Muratorë e mbronin veten duke shpjeguar se "sekretet e një organizate subversive nuk duhet të ngatërrohen dhe as edhe të barazohen me qëndrimin e tyre të drejtë e të tërhequr, të një vëllazërie humane, e cila ka dëshirë të jetë e rezervuar."

Afera e ashtuquajtur "Mashtrimi Taksil" dëmtoi si Muratorinë, ashtu edhe kishën, jo vetëm në Itali dhe Francë, por në të gjitha vendet katolike. Gazetari francez, Gabriel Antoine Jogand-Pages, nën pseudonimin Leo Taxis, publikoi mashtrime e gënjeshtra në artikujt e tij, në fillim kundër Piusit IX dhe 11 vjet më vonë kundër Muratorëve të Lirë. Nga viti 1885, kur ky gazetar, në mënyrë spektakolare u kthye në katolik, deri në vitin 1897, Taxil, kishte qenë 3 muaj Murator i Lirë, pastaj ishte përjashtuar për parregullsi në sjelljen e tij. Ai dinte shumë pak mbi Muratorinë, por ja që kjo nuk e ndaloi të shpifte sa të ishte e mundur. Ai sqaronte se kishte gjetur në Lozha, thënë në mënyrë figurative: "gjyshen e dreqit dhe vajzat e saj." Tregonte për "orgjitë satanike" që zhvilloheshin në Lozha e të gjitha ishin budallallëqe të pafundme. Thoshte se vetë ishte "hakmarrësi i kishës" (do të merrte hak në emër të kishës mbi Muratorët). Leo XIII, i cili kishte nxjerrë Encikliken e tij kundër Muratorëve të Lirë, "Humanum Genus", e priti në një audiencë të veçantë Taxilin, këtë burrë "që do të shkatërronte armiqtë e zotit". Librat e Leo Taksilit u bënë "bestseller" për kohën. 11 vjet pasi kishte vjellë vrer kundër Muratorisë së Lirë e pasi kishte mashtruar e gënjyer gjithë njerëzinë, pas një kongresi në Trento, kongres në të cilin sekretaren e tij e prezantoi si vajzën e dreqit (në një fotografi), në vitin 1897, në Paris, pranoi hapur dhe publikisht që të gjitha hulumtimet e tij kishin qenë vetëm mashtrime. Të gjithë ata burra të kishës, që kishin besuar në satanizimin e Lozhave Muratorike, ishin mbajtur për budallenj nga ana Taksilit. Edhe Muratoria e Lirë pësoi mjaft dëmtime nga kjo aferë. Taksili vdiq në vitin 1907. Edhe sot e kësaj dite, gënjeshtrat e mashtrimet e tij sillen herë pas here në vëmendjen e njerëzve. Me "mjeshtëri"dhe për arsye personale, diti të shfrytëzonte marrëdhëniet e tendosura të Kishës me Muratorinë e Lirë.

Lozha e Madhet e Mëdha italiane kishin një zhvillim Muratorik të mirë. Megjithatë, Orienti Madh ende nuk ishte njohur nga Lozha e Madhe e Anglisë. Një ndër arsyet mund të ketë qenë për përgjegjësitë angleze, afrimiteti i saj deklaruar me Orientin e Francës dhe, e dyta, përzierja në politikë. Qëndrimi patriotik dhe kombëtar i shumë Muratorëve italianë u tregua qartë gjatë Luftës së Parë Botërore. Por, patriotizmi i tyre u keqvlerësua prej qeverisë fashiste të Musolinit. Në janar të vitit 1925, kjo qeveri nxori një ligj të jashtëzakonshëm kundër Muratorëve të Lirë, ligj me të cilin Musolini kërkonte me ngulm t'i trembte Muratorët nëpërmjet plaçkitjeve, terrorit dhe vrasjeve. Torrigrani, Kryemjeshtri i Madh i Orientit të Madh, u detyrua ta shpërndante Lozhën e tij. Kopelo, zëvendësi i tij, u fajësua nëpërmjet lojërave të spiunazhit dhe, bazuar kryekëput në dëshmi të rreme, u dënua me 30 vjet internim. Kështu, në realitet, Musolini kish filluar t'i përndiqte Muratorët e Lirë shumë kohë përpara Hitlerit. Pas Luftës II Botërore, Orienti i Madh u rimëkëmb përsëri dhe në vitin 1972 u arrit i shumëprituri pranim i tyre prej Lozhës së Madhe së Anglisë. Ky pranim u bë i mundur vetëm kur: Muratoria italiane u fokusua më shumë në përmbajtjen e "Detyrimeve të Vjetra"; diskutimet mbi fenë dhe politikën u larguan nga Lozha dhe angazhimi i tyre në politikë u reduktua. Si pasojë e ngjarjeve që ndodhën me Lozhën "Propaganda due", Lozha e Madhe e Anglisë u detyrua të ç'fuqizonte njohjen që i bëri Orientit të Madh të Italisë. Lozha e Madhe tjetër, e formuar me vonë, "Gran Loggia Regolare d'Italia", është njohur dhe pranuar nga Lozha e Madhe e Anglisë.

Këto reforma u arritën me guxim, hap pas hapi, në më shumë se 500 Lozha italiane, pa harruar e mënjanuar kontributin e drejtimin nga Kryemjeshtrit e Mëdhenj, Gamberini dhe Salvini. Megjithatë, ishte këmbëngulja e Kryemjeshtrit të Madh, Armando Corona, i cili arriti të hartonte një kushtetutë të pranueshme, bazuar mirëfilli mbi vlerat tradicionale dhe universale për 20 mijë anëtarët e Orientit të Madh.

Pika më e rëndësishme e punës Muratorike mbetet ezoterika dhe tradita. Jo vetëm patriotë e politikanë kanë qenë Muratorë të njohur të Italisë, por edhe poetë si: Alfieri, Karduçi, Manxoni e Paskali, si dhe kompozitorët Boito dhe Puçini. Si tradita, ashtu edhe shpirti i kulturës italiane gjithnjë kanë dhënë kontributin e tyre në përbërjen e kulturës botërore, kontribut ky që, nëse mund të vlerësohet aq sa duhet, i ka rrënjët te Muratoria italiane.

Kjo punë këmbëngulëse sa e vazhdueshme kulturore, aq edhe e përgjithshme dhe e vlefshme për njerëzimin mbarë, sigurisht që paraqitet më pak spektakolare sesa aktiviteti i një farë Luçio Gaeli, që keqpërdori Lozhën

"Propaganda due". Kjo Lozhë u krijua në vitin 1877 dhe u shpërbë në vitin 1974. Aferat dhe veprimet e Gaelit i takojnë vetëm romaneve kriminalistike dhe jo historisë së Muratorisë. Ai e quante veten si Cagliostro, "gjysëm si Cagliostro, gjysëm si Garibaldi". Ai u fajësua nga mediat se kishte krijuar një rreth gangsterësh, që ishte përhapur në gjithë Italinë. Veprimet e tij i dhanë mundësinë mediave dhe publikut italian të fillonte një fushatë "të gjuetisë së shtrigave" kundër të gjithë Muratorëve të Lirë. Kjo ishte një "kafshatë" shumë e mirëpritur për të gjithë ata që nuk ngopeshin së shari Muratorinë e Lirë. Dhe, mbi të gjithë, më të pangopurit në këtë mes qenë komunistët.

Për disa rrethe të caktuara, një afrim i ngadaltë që po ndodhte ndërmjet Kishës e Muratorisë ishte ende jo shumë i pranueshëm. Që pas kohës së Koncilit të dytë të Vatikanit, disa grupime në kishën romake po tregonin mirëkuptim për Muratorët katolikë dhe, ashtu siç është përshkruar prej francezit Alek Nelor, e shikonin njëri-tjetrin si "Vëllezër të ndarë". Shpeshherë ka pasur biseda e takime midis Kishës dhe Muratorisë, disa herë në publik dhe kjo jo vetëm në Itali, por edhe jashtë saj, gjë që rrëfen se dialogu dukej se po mbizotëronte.

Në shekullin XVIII, si rrjedhojë e mallkimit nga ana e Papëve të Romës, jeta e Muratorisë së Lirë italiane ishte në një rrezik të vazhdueshëm. Në shek. XIX, gjatë Rilindjes, mendjendriturit e dikurshëm u kthyen në nacionalistë e patriotë. Muratorët italianë shiheshin si armiq nga Kurja e Romës. Në shekullin e XX, kundërshtari i tyre vdekjeprurës ishte Benito Musolini. Fashistët arritën të shpërbëjnë Lozhën e Madhe e Madhe të Italisë. Më 1972, "Grande Oriente" u bë anëtare e zinxhirit botëror të Lozha e Madheve të rregullta e të pranuara. Kjo njohje u shfuqizua më vonë. Rreth 20 mijë Muratorë italianë, punësuar në mbi 500 Lozha, kanë krijuar tashmë një bazament të shëndoshë emocional e intelektual në krejt Italinë. Përveç "Grande Oriente" dhe "Gran Loggia Regolare d'Italia", ekzistojnë edhe bindje dhe sisteme të tjera, si: "Muratoria dell Piazza Jesu", urdhra simbolikë, si dhe Gradat e Përsosjes të ritit skocez dhe të Ritit të Jorkut.

VIII. *Muratoria e Lirë në Austri. Reformatorë, jakobinë, liberalë*

Franc Shtefan fon Lothringen (Franz Stephan von Lothringen) u pranua në Lozhën e Den Haages në vitin 1731 dhe u ngjit plot merita në rangun e Mjeshtrit në vitin 1732. Në vitin 1743, Lothringen u kurorëzua në Frankfurt si Perandori romako-gjerman, qytet në të cilin ekzistonte Lozha "L'union", që nga vitet 1741-1742. Në Vjenë, në vitin 1742-1743, për më tepër se një gjysmëviti ekzistonte një Lozhë e quajtur "Aux Trois Canons". Kjo Lozhë kishte rreth 50 anëtarë. Nuk ka të dhëna të sakta nëse kjo Lozhë është vizituar ndonjëherë nga perandori fon Lothringen. Gruaja e tij, Maria Teresia, me një urdhër policor e mbylli këtë Lozhë.

Në Vjenën e Maria Teresias, Muratorët e Lirë nuk u torturuan; të arrestuarit vetëm u morën në pyetje dhe u liruan me paralajmërim. Disa të tjerëve iu dha arrest shtëpie. Themeluesi i Lozhës ishte i quajturi Hodic, mik dhe shok i Frederikut II të Prusisë. Gjithashtu, një Lozhë tjetër u krijua në Vjenë, më 1754, me emrin "Aux Trois Coeurs". Perandoresha Maria Teresia dhe i biri Jozefi ishin të mendimit se kishte ardhur koha që perandorinë e trashëguar nga të parët e tyre ta shndërronin në shtet modern. Nëpunës e oficerë, popullata e thjeshtë dhe aristokracia u angazhuan tok për kryerjen e të gjitha reformave të domosdoshme, reforma të diktuara nga lart, por që në përbërjen e tyre kishin idetë më përparimtare të kohës. Qytetarë të thjeshtë e aristokratë takoheshin së bashku dhe punonin nëpër Lozha, numri i të cilave sa vinte e rritej.

Lozha "Die Freigebigen" (Zemërgjerët) u krijua në vitin 1763, ku punonin sipas sistemit të Klermontit (tre grada, plus një gradë të lartë). Lozha "Strikte Observanz" (që e sqaruam në kapitullin mbi Muratorinë Gjermane) ofroi shërbimet e saj me një sistem 7 gradash, që bazohej më tepër mbi ritet e tempullarëve. Ky sistem pseudo-aristokrat pati një jehonë mjaft të mirë në vend dhe shumë shpejt u bë i pranueshëm nga të gjitha Lozhat. Austria u bë provinca e shtatë e tij. Lozhës së ashtuquajtur "Zu den drei Adlern" (Tek tre shqiponjat) iu dha një patentë nga Praga. Anëtarët e kësaj Lozhe qenë më tepër nëpunës ose oficerë dhe e quanin veten si pasardhësit e tempullarëve. Kjo ishte paraqitja e gjendjes në vitin 1770.

Gjashtë vjet më vonë u krijua në Vjenë një kapitull i gradave të larta me emrin "Grosskompturei St. Polten". Dy Lozhat: "Zum Palmenbaum" (te pema e palmës) dhe Lozha "Tri shqiponjat" u bashkuan me njëra-tjetrën duke marrë emrin: "Tek 3 shqiponjat dhe Te pema e palmës". Në gjithë perandorinë u krijuan Lozha të reja. Në Holandën austriake dhe në Lemberg (Ukrainë) u krijuan dy Lozha; një në vitin 1774 dhe një në 1778, Të dyja këto Lozha ishin anëtare të "Strikte Observanz". Gjithashtu, Lozha do të gjendeshin dhe në Hungari dhe Presburg (Bratislavë). Madje edhe në Timishoara (Rumani) krijuan lloj sistemi të vetin të quajtur "Murator i Lirë". Këtë sistem e krijoi një dukë, i quajtur Ivan Draskoviç, në bashkëpunim me Stefan Nicki.

Gjithashtu aktive ishin edhe dy Lozha në qytetin e Hermanstadtit, të krahinës së Siebenburgut, njëra e anëtarësisë "Strikte Observanz", tjetra Lozhë ushtarake. Linz, Grazi, Klangenfurti, Insbruku dhe Fraiburg në Breisgau kishin Lozhat e tyre. Në Vjenë u krijuan edhe bashkësi të tjera të ngjashme me ato Muratore, siç prezantohej bashkësia e "Vëllezërve aziatikë". Ato ishin Lozha që shkonin krah për krah me mlozhën dhe shpirtin e kohës, duke iu dedikuar thellë intelektit shpirtëror e mistikave të ndryshme.

Por, arritjet më të mëdha u vunë re nga ato Lozha që iu përkushtuan kthjellimit të njerëzimit e njëkohësisht u përqendruan në reformat e shtëpisë perandorake. Lozha "Zur Wahren Eintracht" (Te lidhja e vërtetë), më vonë "Zur Wahrheit" (Tek e vërteta), për një dekadë me radhë (1780-1790) u bë qendër e rëndësishme e kulturës dhe mençurisë për Vjenën dhe për gjithë Austrinë.

Më 1781, po nga kjo Lozhë u krijua Lozha tjetër "Zur Gekronten Hoffnug" (Te kurora e shpresës).

Injaz fon Born (Ignaz von Born) ishte Vëllai që e shndërroi Lozhën "Zur Wahren Eintracht" thuaj në një akademi të vërtetë muratorike. Born kish ardhur nga Hemmanstadti prej gjimnazit jezuit të Vjenës. Edhe pse kishte studiuar në Pragë për drejtësi, ai iu përkushtua shkencave natyrore. Babai i tij kish qenë drejtor miniere. Injazi u bë metalurg, mineralog e kimist. Gjithashtu, Fon Born shkruante edhe polemika satirike kundër urdhrave të murgjve dhe për pasojë ndolli inatin e klerikëve të kohës. Ai shpiku një proces pasurimi të mineraleve, që u përdor më vonë në minierat e argjendit. Si në Pragë, ashtu edhe në Vjenë, ishte anëtar i shoqërive të ndryshme dijetarësh dhe e dinte shumë mirë nevojën dhe domosdoshmërinë e krijimit të një akademie shkencore.

Por as Maria Teresia, as i biri, Josefi, (perandori i mëvonshëm) nuk e imagjinonin dot krijimin e një shoqate të shkëputur nga universiteti, e cila do të mblidhte rreth vetes dijetarë, shkencëtarë dhe filozofë të ndryshëm. Injaz fon Born u angazhua në Lozhën "Zur Wahren Einmacht" si "Zejtar" dhe më vonë u bë "Mjeshtër i Fronit". Ideja e tij për krijimin e një akademie shkencore u refuzua nga anëtarët e Lozhës në një votim që u krye brenda në Lozhë, edhe pse ia vlen të theksohet që vetë kjo Lozhë i përkushtohej me seriozitet të madh temave të Muratorisë.

Born udhëhoqi "Lozhën e kërkimeve". Kjo do të thotë që brenda mureve të Lozhës mbaheshin leksione shumë të detajuara e të hartuara në bazë të një pune shumë të mirë kërkimore. Gjithë këto punime publikoheshin në "Revistën e Muratorisë" të asaj kohe. Në këtë Lozhë u trajtuan tema mbi historinë e lidhjeve mistike, mbi moralin, etikën dhe mbi fushën e simbologjisë. Nga viti 1783 e deri më 1788, Born nxori periodikisht gazetën "Punët fizike të shokëve të unitetit në Vjenë". Sipas letrave, poezive e këngëve për të, ai nderohej e respektohej nga Vëllezërit e tij si një baba. U bë kaq imponuese dhe e meritueshme qendra e Muratorisë në Vjenë, sa që edhe teza që ai ka qenë shembulli i Moxartit për realizimin e figurës së Sarastros në "Fyelli magjik" nuk mund të kundërshtohet.

Skena Muratorike e Vjenës kishte brenda gjirit të saj shumë burra, që ishin vërtet persona me influencë të madhe dhe mjaft të nderuar. Disa duhet t'i përmendim edhe këtu:

Josef fon Zonehfels (Josef von Sonnehfels), jurist,

shkencëtar i shkencave politike dhe profesor. Ai luftonte supersticionet gjithnjë në rritje, egoizmin dhe çdo akt paragjykimi. Luftoi nivelin e ulët të arsimimit dhe ndryshimin e gjendjes së dobët të teatrit. Në vitin 1776, ndikimi i tij e detyroi Maria Terezën të hiqte torturat nga proceset gjyqësore.

Alois Blaumauer, shkrimtari që u bë shumë i njohur nëpërmjet veprës së tij "Eneis", punoi për Lozhën "Zu Wahren Eintracht". Publikonte gazetën vetjake të Lozhës dhe mbahej si poet i mirëfilltë. Autorë të tjerë qenë: Ratschky, Alxinger, Leon, si dhe Martin Prandstetter. Në Lozhat e elitës mblidheshin të gjithë ata që kishin emër dhe rang, borgjezë dhe aristokratë. Ashtu si në Londër, edhe Lozha e Muratorëve të Vjenës tërhoqi brenda saj, gjatë dekadës së fundit të shekullit të XVIII, burra nga të gjitha shtresat.

Për habinë e shumë njerëzve, Jozefi II nuk pranoi të udhëhiqte çekiçin si Mjeshtër Froni, ashtu si Frederiku II dhe Princi i Uellsit. Ai e refuzoi propozimin për t'u bërë Murator. Nga ana tjetër, i përcaktoi Lozhave kufij për zhvillimin, duke kufizuar madje dhe numrin e hapjes së tyre. Çfarë kishte ndodhur?

Patentat Muratorike

E drejta Muratorike

Lozhat Muratorike austriake e kishin marrë të drejtën e licencimit nga Lozhat e Prusisë dhe detyrimet financiare i paguanin po në Prusi. Jozefi nxori një ligj ku ndalonte urdhra të ndryshëm fetarë në perandorinë e tij, si dhe transferimin e valutës jashtë saj. Muratorët e Lirë austriakë themeluan Lozhën e Madhe e tyre, e cila përmblidhte 7 provinca të ndryshme: Austrinë, Boheminë, Galicien, Lombardinë, Siebenburgen dhe Hungarinë.

17 Lozhat e Holandës austriake së bashku krijuan Lozhën e Madhe e tyre. Falë kësaj mënyrë të re organizimi u eliminua varësia e Lozhave austriake prej Lozhave të vendeve të tjera. Por, nga ana tjetër, Lozha e Madhe e krijuar ishte shumë e përhapur dhe e fuqishme, sipas mendimit të Perandorit Jozef II. Për sistemin perandorak, dy ishin problemet më të mëdha në Lozhë e Madhe. E para: drejtimi qendror i saj, pasi çdo gjë drejtohej nga një qendër e vetme. E dyta: Kushtetuta e Lozhës së Madhe, ku në nenin nr. 1 thuhej: "Lozha e Madhe duhet të jetë e bazuar dhe e udhëhequr sipas

parimeve demokratike." Gjithë zyrtarët e saj, së bashku me Kryemjeshtrin, duhet të zgjidheshin në mënyrë demokratike. Ka mendime që disa Lozha u ndaluan së vepruari si shkak i ndërhyrjes së Injaz fon Bornit, sepse ai mendonte se në to nuk ekzistonte fryma muratorike. Kjo mund të jetë një hipotezë e pavërtetë, apo mundet që disa Vëllezër të Lozhave të ndryshme nuk kanë qenë dakord me autoritetin e Lozhës së Madhe?

Këto pyetje shtrohen se përse Jozefi II i ndërmori aksione të tilla për të kufizuar numrin e Lozhave në territoret e tija. Sido të ketë qenë e vërteta, të drejtat e Lozhave filluan të jepeshin vetëm për kryeqytetet e provincave. E drejta muratorike e vitit 1785, iu siguronte Lozhave liri të plotë veprimi, por nga ana tjetër, për çudi, kufizonte numrin e tyre. Numri i Lozhave filloi të zvogëlohet. Është i njohur fakti që Jozefi II kishte si qëllim që

Holandën austriake ta këmbente me territorin e Bajernit. Perandorët dhe mbretërit, me pronat e tyre, tregtonin njësoj si fshatarët që bënin tregti me tokat e tyre.

E në këtë këmbim, Jozefi II synonte të kishte nën influencën e drejtpërdrejtë të tij Urdhrin e Iluminatëve. Në mesin e Muratorëve vjenezë, një numër jo i vogël ishin Iluminatët, të cilët ruanin lidhje të mira e të rëndësishme me gjithë Europën, sado që, në pamje të parë, dukeshin si lidhje pa ndonjë interes të veçantë, por që shpeshherë shfrytëzoheshin për qëllime politike. Historiani Helmut Rajnalter, në kërkimet e tij për historinë e Muratorisë, mes shumë të tjerave shkruan: "Meqenëse ky këmbim nuk u realizua dhe meqenëse konspirancioni i Iluminatëve rezultoi më i dobët sesa shërbimi sekret i Frederikut II të Prusisë, vetë Jozefi II nuk kishte më asnjë arsye t'i lejonte ende aktivitetet e Muratorëve të Lirë, pa i futur ato nën kontrollin e shtetit". Pra, e drejta muratorike nuk ushtrohej si një e drejtë e lirisë, por një e drejtë e kontrollit. Rajnalter dhe Hans Vagner pretendojnë ndoshta saktë që konfliktet mes Muratorëve në Lombardi dhe Bohemi ishin arsye të mjaftueshme për të pasur një "kontroll nga lart". Ishte krijuar bindja që, edhe në Hungari, Muratorët e Lirë nuk e kishin shumë për zemër sistemin perandorak.

Si përfundim, u lejua vetëm një Lozhë: në Vjenë, në Pragë, në Budapest, si dhe nga një Lozhë në kryeqendrat e provincave. E drejta muratorike e Jozefit ishte dekreti i parë zyrtar ligjor, i cili u lëshua për Lidhjen Muratorike në të gjithë Europën.

Deri në këtë kohë, Lidhja vetëm ishte dënuar e mallkuar. Ky dekret hyri në zbatim në vitin 1875.

Që nga viti 1784, një burrë u bë anëtar i Lozhës "Zur Wohltätigkeit" (te përkujdesja), i cili, pa dyshim, është Muratori më i njohur në botë: Volfgang Amadeus Moxort. Pranimi i tij në Lozhë u bë më 5 dhjetor të vitit 1784, së bashku me një kapllan (klerik i kishës katolike) nga Erdbergu, të quajtur Venzel Sumer (Wenzel Summer).

Më 7 janar të vitit 1785, Moxarti u ngrit në gradë, në atë të Zejtarit, në një Lozhë tjetër: "Zu wahren Eintracht". Ndonjë protokoll mbi ngritjen e tij në rangun e Mjeshtërit Murator, në fakt, nuk është mbajtur ndonjëherë. Në vitin 1786, Moxarti u bë anëtar i Lozhës përmbledhëse "Te kurorëzimi i shpresës".

Kompozimet e tij muzikore për Lozhën fillojnë me "Udhëtimin e zejtarit", kompozim të cilin e pati shkruar me rastin e ngritjes së babait të tij në gradën e dytë, më 22 prill 1785. Pak më vonë, ai shkroi pjesën "Gëzimi i muratorëve". Pjesën "Muzikë funebre për muratorë" e shkroi me rastin e vdekjes së Vëllezërve, Franz Kont Esterhazy dhe Dukës George August von Mecklenburg, më 17 nëntor 1785. Pjesa e fundit e përfunduar e Moxartit është "Kantata e vogël e muratorëve", e paraqitur dhe luajtur nga ai vetë gjatë inaugurimit të një tempulli të ri në Lozhën e tij.

Jozef Hajdn (Joseph Haydn) u pranua më 11.02.1785, në Lozhën "Te Lidhja e vërtetë". Më 28 janar, në këtë Lozhë kishte shkuar edhe Moxarti, sepse pritej të ishte i pranishëm edhe Hajdn. Ftesa për në 28 janar kishte shkuar me vonesë në Esterhaza, vendi ku banonte Hajdn, kështu që ky i fundit shkoi më 11 shkurt në Vjenë. Por, Moxarti nuk arriti të merrte pjesë, sepse ishte i zënë me një koncert.

Shpërthimi i Revolucionit Francez pati influencat e tij edhe në Austri. Këtu filloi edhe fundosja e menjëhershme e Muratorisë në Austrinë e shekullit të XVIII. Leopoldi II dëshironte patjetër t'i kishte Muratorët në anën e tij, që t'i përdorte për qëllimet e veta politike. Sipas tij, me anë të kësaj shoqërie sekrete konservative, mund të luftoheshin më mirë jakobinët e tmerrshëm, të cilët pretendohej, jo pa të drejtë, që gjendeshin gjithandej. Perandori bëri planet e tij për këtë, por Lozha të tilla "patriotike" nuk arritën të krijoheshin kurrë.

Edhe në Hungari kishte tendenca për të pasur kontroll mbi Lozhat. Për këtë u bë një plan nga një oficer i quajtur Ksaver fon Ajgner (Xaver von Aigner), por edhe ai nuk pati sukses. Politika e perandorit tjetër austriak, Franz II, ishte orientuar më shumë në mbrojtje. Mbrojtje nga brenda dhe nga jashtë. Supozohej që mbajtësit e ideve të revolucionit brendapërbrenda vendit duhej të ishin Muratorë e Lirë, por jo të gjithë; vetëm një pjesë e vogël. Disa nga emrat që u denoncuan ishin: Hebernstreit, Gilowsky, një mësues privat në shtëpinë e perandorit, i quajtur Franz Andreas Riedel, një nëpunës qeverie, i quajtur Prandstetter, Hebenstreit, një oficer i lartë në ushtri u var në litar për arsye se kishte zbuluar një lloj makinerie të thjeshtë ushtarake e ia kishte dërguar konventës në Paris. Hebenstreit ishte me të vërtetë një socialist revolucionar. Kaietan Gilowsky u vetëvar gjatë qëndrimit në hetuesi. Gotthardi, Prandsletter dhe Riedel u dënuan me burgim dhe u mbyllën në një kështjellë. Ata s'kishin bërë asgjë më tepër se pjesa tjetër e shoqërisë, të cilët idetë e revolucionit i quanin të mira. Një tregtar librash i kishte provokuar e denoncuar këta burra dhe ai ishte: Vincenz Degen.

Në Hungari u ekzekutuan 7 Muratorë, me pretekstin se ishin jakobinë. Të gjitha këto ndodhën kur Europa gjendej nën ndikimin e përshtypjeve që kishte krijuar regjimi i tmerrshëm i Parisit. Franci II diti ta shfrytëzonte këtë periudhë për të larë hesapet në mënyrë të rreptë me ndonjë nga kundërshtarët e tij.

Në vitin 1809, me mbërritjen e trupave franceze në Vjenë, erdhën njëkohësisht edhe Lozhat ushtarake. Në qytetin e Klagenfurtit (në jug të Austrisë), Muratorët austriakë u ftuan të ishin pjesë në Lozhë nga një gjeneral i një divizioni francez, i quajtur Ruska. Pas luftërave napolonike, policia austriake morri përsëri masa mbrojtëse kundër "Karbonarëve" italianë (1821), të cilët, në bullën e papës, ishin vënë në të njëjtin nivel me Muratorët e Lirë (gabimisht).

Për krejt austriakët, shoqata "Das Junge Deutschland" (Gjermania e re) ose "Giovane Italia" (Italia e re) ishin shoqata të rrezikshme për shtetin. Ato shpërfaqnin mjaftueshëm ringjalljen e ideve te njerëzit mbi intriga të ndryshme. Horc Hartman (Horitz Hartmman) dhe Herman Rolet (Hermman Rollet) krijuan një shoqatë më pak të njohur, me emrin "Jung Osterreich" (Austria e re). Këto shoqata nuk kanë përfaqësuar lëvizje muratorike, por ishin njëlloj të dyshuara si Muratoria.

Franci II nxori një dekret, sipas të cilit detyroheshin të gjithë nëpunësit shtetërorë të betohen që nuk do të bëheshin anëtarë të asnjë shoqërie "sekrete". Një aparat i shtrirë i shërbimit sekret kontrollonte gjithë shtetin e, me këtë mënyrë, ishte e pamundur të krijoheshin Lozha të reja.

Në vitin 1848 pati një ringjallje të shkurtër. Një mësues gjuhe, Lewis, ndezi befas Dritën e Artit Mbretëror - kështu quhet Muratoria në Vjenë - "Te Josefi i Shenjtë". Napoleoni fitoi përsëri; ushtria e tij ia rimori përsëri Vjenën borgjezisë. Studentëve dhe punëtorëve iu ndalua rreptësisht dhe me ligj e drejta e mbledhjes, qoftë në vende publike, qoftë fshehurazi. Natyrisht që një ligj i tillë duhej të zbatohej edhe nga Lozhat, në vitin 1848.

Lozhat e kufirit

Marrëveshja e vitit 1867 për krijimin e monarkisë së dyfishtë austro-hungareze, bëri të mundur që secila nga këto monarki të kishte pavarësinë dhe ligjet e saj. Si rrjedhojë, në Hungari hynë në fuqi ligje më liberale sesa në Austri, gjë e cila iu lejoi Muratorëve hungarezë krijimin e Lozhave. Pavarësisht se edhe në Austri ishte një qeveri liberale, influencat gjithëformëshe të forcave konservatore, qenë pa dyshim për t'u marrë parasysh. Me ndërhyrjen e tyre u bë e mundur që ligji mbi shoqatat të ish shumë i rreptë. Ky ligj parashikonte kontrollin e shoqatave nga komisarët shtetërore.

Nga ana tjetër, Muratorët e Lirë as e çonin ndër mend që puna dhe ritualet e tyre, njohur e ushtruar tradicionalisht, të mbikëqyreshin nga policia dhe shteti. Meqenëse ligji mbi shoqatat u liberalizua, Muratorët filluan të krijonin shoqata humanitare në Vjenë, të cilat nuk i kapte më ligji i lartpërmendur. Anëtarë të këtyre shoqatave ishin Muratorë austriakë, që, për të punuar e ushtruar ritualet e tyre në Lozhë, shkonin në Hungari. Kjo ishte epoka e Lozhave të kufirit.

Lozha të një karakteri të tillë u krijuan në Lozhenburg,

Neudorfl, Presburg (Bratislava e sotme) dhe të gjitha këto vende ishin në tokën hungareze, në kufi me Austrinë. Lozha e parë e kufirit ishte Lozha "Humanitas". Ajo punonte nën patronazhin e Lozhës së Madhe së Madhe të Hungarisë. Kishte rreth 300 anëtarë dhe aktivitetin e ushtronte në Neudorf, gjatë vitit 1872. Themelues i saj ishte Franc Shneberger (Franz Schneeberger).

Në vitet 1874-1875 u ndërmor edhe një iniciativë tjetër për të krijuar një Lozhë në Vjenë, por dhe kjo rezultoi e pasuksesshme. Kështu që u desh të krijohej edhe një Lozhë e dytë kufiri: "Die Zukunft" (E ardhmja). Orientimi i kësaj Lozhe ishte paksa radikal-liberal. Ajo ndoqi e zbatoi një kurs reformash. Për shembull: Lozha pranonte edhe ateistë si anëtarë të saj. Zhvillimi i shkencave të ndryshme ishte një nga qëllimet kryesore të kësaj Lozhe. Ritualet në Lozhë u thjeshtuan. Anëtarët e saj ishin kundër një "Muratorie ndjenjash" apo traditave të keqkuptuara, sipas mendimit të tyre. Si pasojë, shumë shpejt iu desh të konfrontohej me Lozhën nënë "Humaitas". "Zukunft" mblidhej në Vjenë si shoqatë liberale dhe për punët muratorike shkonin në Bratislavë. Anëtarë të Lozhës ishin një pjesë fort e madhe e kulturo-prodhuesve austriakë dhe niveli i saj ishte për t'u admiruar.

Secila nga Lozhat e kufirit kishte profil dhe identitet unik. "Sokrates" (krijuar më 1874) lëvizte ndërmjet fushave të tensionuara të idealizmit e ateizmit, materializmit dhe fesë. "Die Eintracht" ("Uniteti" - krijuar në 1875), shoqatës së saj të krijuar në Vjenë i kish vënë emrin "Pestalozzi" (Johann Heinrich Pestalozzi 1746-1877, pedagog zviceran, reformator, arsimtar, politikan e filozof) me synimin për të treguar tendencat e saj në pedagogji. Lozha "Schiller" (e krijuar më 1876-n) i ishte përveshur edukimit humanitar ("Edukimi" ishte emri i shoqatës regjistruar në Vjenë). Kjo Lozhë përpunonte edhe gradat e larta. "Freundschaft" ("Shoqëria" - krijuar më1877-n), "Columbus" (e krijuar më 1877) kërkonin një vetëkuptueshmëri muratorike të përshtatur me kohën që jetonin.

Gjendja sociale e shoqërisë njerëzore nuk linte shumë hapësira për t'u menduar. Detyra muratorike për të ndihmuar të tjerët, si dhe për të qenë humanë, ashtu siç e donte tradita muratorike, çoi në veprimtari të shumta bamirëse. U ndërtuan disa shtëpi fëmijësh, qendra humanitare për fëmijë të verbër, shkolla për t'u mundësuar arsimimin fëmijëve të varfër, kampe pushimi për fëmijë, sponsorizoheshin shtëpitë ekzistuese të fëmijëve, si dhe u ndërtuan azile për gra të varfra dhe vajza të pambrojtura. Ndihma e Muratorëve të Lirë në raste tragjedish dhe katastrofash natyrore ishte e vetëkuptueshme. Me ndërrimin e shekujve, aktivitetet historike dhe, veçanërisht, ato në fushën e edukimit e arsimimit shkollor ishin në nivelin më të lartë.

Nga viti 1888 deri më 1898 u krijuan Lozhat "Treu", "Gothe", "Lessing zu den drei Ringen" (Lesingu tek tre unazat) dhe "Pionieri". Erih August Zenker (Erich August Zenker), Mjeshtër i Fronit të Lozhës "Pionieri" në vitin 1904, u mundua të krijonte dhe ta legalizonte në gjykatën perandorake një Lozhë e Madhe të Madhe, të quajtur "Austria", por pa sukses.

Reformat sociale dhe ekonomike

Aktivitetet e Muratorëve të Lirë ishin të fokusuar në dy fusha kryesore: 1 - Reformat sociale. 2 - Çështjet e edukimit (arsimit). Lozhat, përbërë nga pjesë të ndryshme të shoqërisë, e kishin kuptuar me kohë që dallimet mjaft të mëdha e të shumta që ekzistonin ndërmjet klasave të ndryshme të shoqërisë duhej të sheshoheshin.

Shembulli më bindës e më i mirë i këtyre ideve ishte vetë përbërja e Lozhave: Në Lozhën "Sokrates" merrnin pjesë aristokrati liberal, Filip Ritter von Scholler, krah kryetarit të sindikatave të punëtorëve, Franz Shuhmeier. Lozha "Pionieri" ndërmori iniciativën e krijimit të një shkolle të lirë, iniciativë që kishte për qëllim që shkencat moderne t'i bënte të arritshme edhe jashtë kohës së mësimit. Mbi të gjitha, këto shkenca të ishin të mundura për të gjithë fëmijët dhe jo vetëm për prindërit. Reforma me pretendime të tilla sigurisht që krijuan tension në shkallët klerikale. Në vitin 1897, në Vjenë u mbajt një kongres kundër Muratorisë së Lirë.

Gjithashtu është e rëndësishme të përmendet e nënvizohet fakti që Lozhat ndihmonin aktivisht edhe lëvizjet përparimtare femërore. (Lëvizje këto të organizuara nga Rosa Mayreder e Marianne Hainisch). Me fillimin e viteve '90 të shekullit XIX pati një tjetër aspekt të rëndësishëm të Muratorisë së Lirë: ishin lëvizjet për paqe dhe liri. Kjo hapësirë u vlerësua shumë me rastin e dhënies së çmimit "Nobel" për paqe dhe liri një Muratori austriak: Hermann A. Fried, 1911.

Afër fundit të Luftës së Parë Botërore, Muratorët e Lirë austriakë, me ngulm e guxim, u munduan vazhdimisht për të arritur legalizimin e Lozhave.

Më 20 nëntor 1918, pas rënies së monarkisë dhe krijimit të republikës, pa asnjë dallim, të gjitha Lozhat austriake të kufirit u mblodhën në një ceremoni të përbashkët. Më 8 dhjetor të po këtij viti, nën drejtimin e çekiçit të Dr. Adolf Kapralik u hap "Lozha e Madhe e Vjenës". Kjo Lozhë e Madhe ushtroi aktivitetin e saj të lirë në vitin 1938. Puna e parë që inicioi kjo Lozhë e Madhe ishte ajo e lëshimit të një thirrjeje për ndihmë nëpër të gjitha Muratoritë e botës për të ndihmuar Austrinë. Kjo kërkesë u përqafua menjëherë nga shumë Lozha nëpër botë dhe ndihma nuk mungoi, si p.sh: dërgimi e strehimi i fëmijëve të lënduar dhe të traumatizuar nga Lufta e Parë Botërore në Holandë, nëpër familje që kujdeseshin për ta.

"Lozha e Madhe Simbolike e Hungarisë", e drejtuar nga Kryemjeshtri i saj i Madh, Pfaifer (Pfeifer), mori nën patronazh Lozhën e Madhe e re të Vjenës, e cila u njoh nga Lozha e Madhe e Anglisë, në vitin 1930. Aktivitetet e Lozhës së Madhe shtriheshin si në aspektet sociale, ashtu edhe në problemet e kujdestarisë shëndetësore, por edhe për mbrojtjen e fëmijëve apo mbrojtjen nga përdorimi i pijeve alkoolike.

Shoqëria e shekullit XIX kishte të akumuluara më

shumë mjete financiare sesa shoqëria e sapLozhalë nga Lufta e Parë Botërore, për t'i vënë në dispozicion të rehabilitimit. Kështu u desh që Lozhat të punonin pa pushim për të zvogëluar sadopak plagët e pafundme që kishte marrë shoqëria nga lufta. U punua edhe për krijimin e një legjislacioni social, me qëllim që në të ardhmen të krijohej mundësia e partneriteteve sociale në shoqëri.

Kjo ide i pati rrënjët në Lozhën "Lessing zu den drei Ringen", e cila drejtohej nga Mjeshtri i Fronit, Jozef Trebiç (Josef Trebitsch), i cili ishte njëkohësisht edhe Presidenti i Lidhjes së Industrialistëve Austriakë dhe prej zëvendësit të tij, Ferdinant Hanusch, President i Sindikatave Austriake. Përveç Hanushit dhe Trebiçit, në Lozhën Lessing ishte anëtar edhe Julius Tandler, i cili, i influencuar nga idetë bamirëse të Muratorisë së Lirë, inicioi dhe krijoi sistemin social-human të shëndetësisë austriake, i cili pati jehonë pozitive në të gjithë botën.

Lozha e Madhe e Vjenës u thirr e mori pjesë, në vitin 1932, në Kongresin Botëror të Paqes. Në një memorandum të përpiluar nga kjo Lozhë e Madhe, tërhiqej vëmendja edhe për gjendjen e rëndë ekonomike të Europës së mesme, që si pasojë do përshpejtonte ardhjen deri në një luftë të mundshme. Idetë pacifiste ishin në qendër të aktiviteteve që bënte kjo Lozhë e Madhe. Muratori austriak, Rikard Koudehove Kalergi (Ricard Coudehove Kalerg), themeloi programin e tij "Pan-Europa", bazuar mbi mendimet e Herman Fridsit (Hermann Frieds).

Në vitin 1926, Muratorët e Lirë vjenezë luajtën një rol me të vërtetë vendimtar në krijimin e ligës për të drejtat e njeriut. Të bazuar në kursin e tyre të pandryshueshëm paqësor, Vëllezërit vjenezë paraqiten në kundërshtim të hapur me Vëllezërit nacionalistë të Lozhave prusiane, disa nga të cilët shkuan aq larg sa të mbronin "qëndrimet e tyre krishtere, nacionale e antipaqësore". Këto qëndrime sollën si pasojë ndërprerjen e marrëdhënieve ndërmjet këtyre dy vëllazërive në vitin 1931. Ia vlen të theksohet që Lozhat vjeneze nuk kanë qenë kurrë të orientuara kundër Gjermanisë, sepse po të mos ishte kështu nuk do të protestonin energjikisht kundër pushtimit të Ruhrit nga francezët, në vitin 1923.

U krijuan Lozha edhe në provinca të tjera austriake, si në: Graz, Wiener Neustadt dhe Klagenfurt. Nga viti 1920 ishte stabilizuar mirë edhe Riti i Vjetër e i Pranuar Skocez. Një numër i madh Muratorësh ishin, gjithashtu, anëtarë të Ligës së Përgjithshme Muratorike. Kjo ligë i kishte vënë vetes si qëllim të bashkonte gjithë Muratorët pa dallim shteti, Lozhe të Madhe apo edhe sistemi që praktikonin. Redaktori i revistës Muratorike vjeneze dhe një nga bashkautorët e leksionit Muratorik, Eugen Lenhof, punonte me zell e këmbëngulje të madhe për vëllazërimin e kësaj lige.

Nga viti 1933 e mbrapa, çdo Lozhë u detyrua të vihej nën kontroll shtetëror. Në çdo Lozhë dërgohej nga një komisar policie për të regjistruar numrin dhe emrat e Vëllezërve të pranishëm në Lozhë. Në vitin 1936 parandjenja doli: Lozha "Pythagoras" e Viener Nustadit (Wiener Neustad) u mbyll "zyrtarisht". Me gjithë qëndresën vërtet armiqësore ndaj Lozhave, qeveria e Shushnigut (Schuschnigg - kancelar austriak), pas aneksimit të Austrisë nga ushtria naziste e Hitlerit, kërkoi ndihmë financiare nga Lozha e Madhe e Vjenës.

Më 12 mars të vitit 1938, ndërtesa e Lozhës së Madhe austriake u sulmua dhe u plaçkit. Mjeshtrit e froneve (brenda ndërtesës së Lozhës së Madhe austriake në qendër të Vjenës ishin akomoduar shumë Lozha të tjera) u arrestuan. Pasuria e Lozhës së Madhe u konfiskua. Shumica prej tyre, e veçanërisht Vëllezërit hebrenj, ndërruan jetë në kampet e përqendrimit. Kryemjeshtri i Lozhës së Madhe austriake, Dr. Rihard Shlesinger (Richard Schlesinger), i cili qëndroi në ballë të Lozhës së Madhe nga viti 1919 e deri në vitin 1938, vdiq si pasojë e terrorit nazist. Nga 2.000 anëtarë të Lozhës së Madhe vjeneze, në vitin 1945 mbetën vetëm 70. Pikërisht këta pak Vëllezër nisën me guxim sërish punën për rimëkëmbjen e Muratorisë austriake, pas Luftës së Dytë Botërore.

Një fillim i ri - 1945

Pas përfundimit të luftës, në Vjenë dhe në provincën e Kaertnerit (Korintja), Muratoria e Lirë u rikrijua dhe një herë nga fillimi, si Lozha e Madhe e Austrisë. Dr. Doppler, një mjek i njohur, u bë Kryemjeshtër. Atij dhe pasardhësve të tij, Bernhard Scheichelbauer e Carl Helmke, si edhe shumë Kryemjeshtërve të tjerë, iu krijuan e mundësuan një terren të përshtatshëm për jetën Muratorike të Lozhave në Austri.

Kjo epokë mund të quhet si epoka më e gjatë e jetës Muratorike në Austri, një epokë ku Lozhat Blu patën një sukses të vazhdueshëm. Edhe sistemi i Ritit Skocez, si dhe i Ritit të Jorkut, janë pjesë e Muratorisë austriake. Që të tria këto sisteme janë shumë të lidhura me njëri-tjetrin, përjashtuar organizimin e tyre individual. Në vitin 1954, Lozha e Madhe e Austrisë u njoh përsëri nga Lozha Nënë e Anglisë.

Në vitet '60, në shoqërinë austriake pati një tendencë të fortë në drejtim të liberalizimit modern, gjë për të cilën kërkohej të kthjellonin atë çka kish ndodhur më parë. Si pasojë, u krijuan një shumësi Lidhjesh, si dhe Lozha të reja Muratorike (bëhet fjalë për sisteme jo të pranuara prej Lozhës së Madhe së Anglisë).

Lozhat ishin kthyer në ambiente, ku do të gjenin zbatim si aspektet ezoterike , ashtu edhe ato ekzoterike. Si rrjedhojë e larmisë së anëtarëve të tyre nga fusha të ndryshme të jetës, Lozhat ditën të mundësojnë një jetë shpirtërore e kulturore të shumanshme, me qëllimin për të bashkuar vita activa me vita contemplativa (vita activa - një jetë për të tjerët, dashuria për tjetrin; ndërsa vita contemplativa - një jetë jo e orientuar në anët e jashtme të kësaj bote, si: paraja, nderi, emri, lavdia, por e orientuar në vetvete - ezoterizmi).

Mjerisht, paragjykimet klasore dhe racore ekzistojnë edhe në ditët tona. Urrejtja ndaj të huajve e egocentrika sociale janë të pranishme edhe pse jetojmë në shekullin e informacionit. Izolimi i njerëzve në vetvete dhe indiferentizmi ndaj problemeve shoqërore janë vetëm disa prej aspekteve, ku Muratoria e sotme austriake ka fokusuar punën e saj. Edukimi, ndihmat sociale dhe liria, që i duhet gjithkujt për të kërkuar personalitetin e tij, gjenden në qendër të punës së Muratorëve, e cila është e bazuar në shoqërinë dhe vëllazërinë me njëri-tjetrin.

Lozha e Madhe austriake, ndër aktivitetet e saj të ndryshme, është e hapur herë pas here dhe për publikun jo-muratorik austriak. Që nga viti 1974 e më pas, gjithkush mundej të vizitonte Muzeumin Muratorik në kështjellën e Rosenauit. Në këtë muze interesant mund të shihet nga afër tempulli i një Lozhe, si dhe shumë hollësira të tjera mbi Muratorinë.

Kisha dhe Muratoria

Në kontekstin e mësipërm ia vlen të theksohet qartë rëndësia e një aktiviteti të veçantë të ndodhur në Austri. Bëhet fjalë për marrëdhëniet ndërmjet kishës dhe Muratorisë. Si në shumë vende të tjera, Vatikani edhe në Austri ka qenë në luftë të vazhdueshme e pa kompromis me Muratorinë e Lirë. Enciklikave të nxjerra prej Vatikanit, krerët e kishës katolike austriake nuk iu përmbajtën pikë për pikë. Por, e vërteta është që në Vjenë u mbajt kongresi kundër Muratorisë së Lirë dhe kundërshtimet nga klerikët austriakë kanë qenë të vazhdueshme. Shpesh ndodhte që Muratorët e Lirë austriakë të shkishëroheshin nga kisha sapo merrej vesh që ishin anëtarë të kësaj lidhjeje.

Këto veprime mbështeteshin mbi ligjet e mallkimit, të shkruara në bullet dhe paragrafët e Vatikanit. Gjatë tentativave për një rishikim të mundshëm të gjendjes, në kishën katolike u mbajt Koncili i dytë i Vatikanit, ku u shtrua pyetja për të gjitha kishat: "Çfarë eksperiencash kishin pasur më parë ipeshkvit dhe kishat e tyre me Muratorinë e Lirë?". Kjo pyetje u shtrua në të gjithë botën.

Kardinali Franjo Seppers, kryetari i kongregacionit

mbi doktrinat fetare, më 28 shkurt 1968, shtroi 12 pyetje për të gjithë ipeshkvit e pranishëm në një konferencë të mbajtur në Vjenë. Ndër të tjera, këto pyetje kishin të bënin me përmbajtjen e "doktrinës" që fshihte kjo lidhje, Muratorinë e Lirë në thelbin e vërtetë të saj, një urdhër të cilin ajo e praktikonte dhe e zbatonte.

Për t'i dhënë një përgjigje sa më të saktë kardinalit Seppers, vetë kardinali i Vjenës, Franz Konig, kontaktoi Zëvendës-Kryemjeshtrin e Lozhës së Madhe austriake, Dr. Kurt Baresh (Kurt Baresch). Gjatë një bisede private ndërmjet dy personaliteteve, u diskutua gjatë mbi Muratorinë e Lirë të Austrisë. Pas këtij takimi, kardinali i Vjenës krijoi një komision të vogël të përbërë nga pesë teologë, të cilët do të merreshin me këtë çështje.

Deklarata e Lishtentalerit

Muratorët gjermanë, austriakë dhe zviceranë (ndër të tjerë dhe Dr. Baresch, Dr.Vogel dhe Prof. Cap) takoheshin shpesh me ekspertët katolikë dhe së bashku bisedonin mbi temën në fjalë. Këto lloj kontaktesh kishin më tepër një lloj karakteri miqësor sesa zyrtar. Për herë të parë, hierarkia kishtare vuri re që nuk kishte të bënte aspak me një hierarki të Muratorisë së Lirë, sepse në strukturat shumëplanëshe të Muratorisë nuk ekzistonte asnjë udhëheqje qendrore.

Ekspertët katolikë nuk mund të takoheshin apo edhe të diskutonin me Lozha të ndryshme, pavarësisht se qëllimi i tyre ishte të informoheshin sa më mirë. Por ishte një meritë e këtij komisioni ekspertësh që në Insbruk (Austri), Augsburg (Gjermani) dhe Einsiedeln (Zvicër) u mundësia një përfundim përmbledhës në vitin 1970, i ashtuquajtur "Deklarata e Lihtenaurit".

Në këtë dokument, të quajtur "Dokument për Papën", komisioni rekomandonte që bulleve të Papëve të Romës, të cilat kishin pasur të bënin me Muratorinë e Lirë, t'u jepej vetëm rëndësi historike, nga ai moment e tutje. Dënimet nëpërmjet ligjeve të kishës, në Clozhex Iuris Canonici, nuk kishin më bazën e duhur e të nevojshme, sipas ekspertëve, "në një kishë që dashurinë për vëllanë e ka urdhëresë nga i madhi Zot". Dr. Baresh i ka publikuar të gjithë këta dialogë në librin e tij "Kisha katolike dhe Muratoria e Lirë".

Ekspertët janë të mendimit që deklarata e Lihtenaurit bëri të mundur heqjen e paragrafëve në ligjin katolik, të cilat kriminalizonin si Muratorët, ashtu edhe Vëllazërinë e Muratorëve të Lirë në përgjithësi. Përpara këtij dokumenti, klozheksi i kishës katolike i përjashtonte pa kompromis dhe automatikisht Muratorët e Lirë prej dritës kishtare, si dhe i dënonte ata dhe veprimtarinë e tyre. Pas këtij dokumenti kisha katolike duhej të provonte nëse kishte të bënte vërtet me një organizatë, që ishte në armiqësi të hapur me kishën. Pra, deklarata e Lihtenaurit e hoqi automatizmin e kishës mbi Muratorinë e Lirë. Parë nga ky këndvështrim, dokumenti është i një rëndësie të veçantë historike.

Kontributi i Muratorëve austriakë mbi ekzistencën e Muratorisë së Lirë botërore qëndron te fakti i krijimit të Lozhave ushtruese-edukuese, ku me konsekuencë të vazhdueshme dhe urtësi u trajtuan mjaft aspekte të rëndësishme jetësore. Duke qenë vetëkritikë, Muratorët austriakë bënë të mundshme reformat e shoqërisë së tyre për shekuj me radhë (XVIII, XIX dhe XX). Edukimi dhe mirëqenia sociale kanë qenë dhe janë dy fusha, ku Muratoria austriake ka korrur sukses të madh. Qëndrimi humanitar i Muratorëve austriakë bëri të mundur, te shumica dominuese e njerëzve, zhvillimin e një personaliteti të lirë, një karakteristikë personale kjo që është e lidhur me një paqe të brendshme të çdo njeriu. Nga 250 vjet ekzistencë reale të Muratorisë austriake, ajo ka qenë e ndaluar për 132 vjet. Muratoria është munduar vazhdimisht të jetë qendra e humanizmit dhe tolerancës në shoqërinë austriake.

PASTHËNIE

Aktualiteti i Muratorisë së Lirë
Një pasthënie e dobishme

Grupime personash në kuadrin ligjor të shteteve përkatëse, të cilët konsiderohen si persona juridikë të këtij shteti, si dhe të gjithë njerëzit në çdo ambient, kërkojnë me çdo kusht të mësojnë sa më shumë mbi prejardhjen dhe të kaluarën e tyre. Sa më e madhe të jetë rëndësia, fama dhe respekti që ka gëzuar një grupim, aq edhe më e madhe bëhet kureshtja për prejardhjen dhe të kaluarën e tij. Anëtarë të rëndësishëm kanë ndikuar dhe ndikojnë në krijimin e një imazhi me tipare pozitive. Në faqet e këtij libri janë paraqitur personalitete me rëndësi të veçantë, të cilët kanë qenë Muratorë të Lirë. Këto personalitete, me veprat e tyre, janë mundur të kontribuojnë në mënyrë të ndjeshme në kulturën e njerëzimit. Lista e anëtarëve të famshëm të kësaj lëvizjeje, me influencë të konsiderueshme në fushat e veprimtaritë përkatëse, mund të plotësohet me shumë emra të tjerë. Çdo enciklopedi me nivel dhe e pavarur nga kushtet e ndryshme, që mund ta bënin të njëanshme, përmend një numër çuditërisht të lartë personalitetesh të tilla.

Por, që të përmendim vetëm famën e kohërave të kaluara, për të tashmen dhe për të ardhmen, do të ishte e pamjaftueshme. Një nga qëllimet kryesore të kësaj vepre do të jetë përgjigja e pyetjes: "Cilat nga tiparet e Muratorisë së Lirë e bënte këtë lëvizje kaq tërheqëse për këto personalitete?". Për të gjetur këtë përgjigje, një ndihmë të konsiderueshme do të na japin vetë veprat e tyre. Kjo sidoqoftë është edhe një çështje kohe me përmasa të tilla, që për një burrë në kushte normale dhe me të tëra kërkesat që paraqet jeta profesionalë për të, në ditët e sotme nuk e ka në dispozicion një kohë të tillë. Një nga Muratorët e Lirë, që ka mundur të tregojë me përkushtim të veçantë respektin e tij për Muratorinë dhe vlerat e kësaj lëvizjeje, si dhe ka mundur të vërtetojë që një përkushtim i tillë ndaj figurave etike të Muratorisë është më se i vlefshëm, ka qenë kompozitori Moxart, me libretistin Shikaneder, në operën "Fyelli magjik". Gjithashtu, një shembull tjetër është autori i shquar gjerman Lessing, me veprat e tij "Nartani i urtë" dhe "Ernst & Falk". Kur hedhim vështrimin në treqindvjeçarin e kaluar, që ka mundur të nxjerrë një numër të konsiderueshëm personalitetesh të mëdha, që kanë qenë edhe Muratorë të Lirë, dhe bëjmë krahasimin me kohët e sotme, na shtrohet pyetja: "Bashkë me këta burra përfundoi edhe epoka që mundi të nxjerrë mendje kaq të ndritura?".

Për t'iu qasur pyetjes mbi vlerat dhe kuptimin e Muratorisë në kohët e sotme dhe në të ardhmen, le të shohim një përkufizim që i bëhet lëvizjes në një vepër, e cila shquhet për kriteret e larta të objektivitetit në të cilat bazohet. Leksika e bisedës "Brockhaus-Enzyklopedi" e përshkruan lëvizjen e Muratorisë si vijon: "Muratoria e Lirë është një lëvizje internacionale, me mendime dhe qëndrime humanitare, që i transmetohet Muratorëve të Lirë në Lozhat e tyre nëpërmjet veprimesh rituale. Duke respektuar krenarinë njerëzore, Muratorët e Lirë mbështesin tolerancën, zhvillimin e personalitetit, gatishmërinë për të dhënë ndihmë dhe dashurinë për njerëzimin." Në këtë kuadër, Muratoria i drejtohet dhe e edukon individin. Baza e Muratorisë është besimi që të gjitha konfliktet mund të zgjidhen në mënyrë paqësore, pa shkaktuar dëme ose pa përdorimin e forcave shkatërruese. Muratoria e Lirë është e bindur që mund të krijohet një besim i mjaftueshëm midis njerëzve te njëri-tjetri. Njohuria më e thellë e vetes, që fitohet në veprimtaritë e përbashkëta vëllazërore në tempuj, ka për qëllim të rrisë ndërgjegjen dhe përgjegjësinë e secilit ndaj shtetit dhe shoqërisë. Anëtari i Lozhës i përshtatet nëpërmjet simbolikës dhe veprimeve rituale rregullave të universit dhe mëson kështu, në mënyrë të vazhdueshme, ta ndërtojë jetën e tij sipas një ndërgjegjeje superiore. Puna ka tiparet e një feste. Zakonet e Muratorisë i kanë rrënjët e tyre në punishtet e punëtorëve të ndërtimit. Puna, siç quhen takimet e anëtarëve, që i drejtohen njëri-tjetrit me fjalën "vëlla", bëhet, sipas zakoneve të vendit përkatës, të shumtën njëherë në javë. Sipas traditave gjermane, austriake dhe zvicerane, në qendër të punës gjendet shtjellimi i një teme të caktuar. Elementi i ndërtimit, siç quhet tema që shtjellohet, diskutohet nga vëllezërit pas takimit në tempull.

Historia e njerëzimit tregon me qartësi se ka pak vende që kanë përjetuar kohë paqe, pa luftëra, për më shumë se një gjeneratë. Gjithashtu, edhe eksperienca personale, që secili nga ne ka mundur të mbledhë gjatë jetës, na vërteton me shumë qartësi se sa e vështirë është të ndërtojmë dhe të zhvillojmë personalitetin tonë në mënyrë aq ideale dhe homogjene, siç është në stereometri, për shembull, një drejtkëndësh i rregullt me katër brinjë të barabarta. Në Lozhat e shekullit XXI diskutohen në mënyrë të vazhdueshme dhe trajtohen në mënyrë kritike përmbajtja dhe kufijtë e tolerancës, karakteri i vërtetë i dashurisë për njerëzimin, bërthama dhe mundësitë e zhvillimit të lirë të njeriut.

Besimin për të përmbushur kuadrin e Muratorisë së Lirë e ka të nevojshëm si një person, gjatë gjithë jetës së tij, ashtu edhe shoqëria njerëzore në tërësi. Procesi i përmbushjes së këtij kuadri bëhet në dy mënyra: puna që bën secili brenda vetes dhe puna që bën secili për të ndryshuar gjendjen e shoqërisë në përgjithësi – një proces ky, i cili mund të konsiderohet i pafund. Në këtë rast mund të supozohet, madje me shumë të drejtë, që një ideologji e tillë gjendet në lidhje të drejtpërdrejtë me idetë elementare të klasicizmit, siç janë: liria, barazia dhe vëllazëria midis njerëzve. Si rezultat i këtyre mendimeve u krijua edhe koncepti i "klasicizmit", që, në vetvete, mund të interpretohet si vullneti për të çliruar veten nga papjekuria, për të cilën çdo person është i përgjegjshëm. Me sa duket, të gjithë njerëzit janë të pangopshëm kur bëhet fjalë për të përfituar dhe janë shumë të tërhequr kur vjen puna për të mbajtur mundime dhe ngarkesa të ndryshme. Prandaj edhe puna me vetveten, si dhe ajo e një shoqërie për t'i siguruar anëtarëve të vet dhe njëkohësisht edhe vetvetes një gjendje sa më të mirë, është një proces i vazhdueshëm dhe që asnjëherë nuk mund të përfundojë. Pra, edhe klasicizmi, si vullnet dhe ideologji e punës në vetvete dhe asaj për bashkësinë, nuk është një gjendje që arrihet, madje kjo gjendje asnjëherë nuk mund të arrihet, por mund të konsiderohet si një proces permanent, që është përherë në kërkim impulsesh të reja. Muratori i Lirë nuk e ndryshon shoqërinë me akte force, si dhe nuk merr pjesë në revolucione, por kontribuon në ndryshimin e shoqërisë, duke përdorur mundësitë paqësore që i jepen atij nëpërmjet zhvillimit të personalitetit të tij, i cili gjendet në një proces të vazhdueshëm pune.

Në ritualin austriak të gradës së parë, i ashtuquajturi Mbikëqyrësi i Parë, kur pyetet nga mjeshtri se cili është kuptimi i punës së Muratorëve, përgjigjet: "Të ndriçojë mendjen dhe zemrën e njeriut për të ndjerë mirësinë, vërtetësinë dhe bukurinë". Edhe nëse nuk kemi në dispozicion ndonjë përkufizim përmbledhës të mirësisë, as të vërtetën nuk e njohim në mënyrë definitive, gjithashtu nuk jemi në gjendje të përkufizojmë me saktësi se çfarë është bukuria. Megjithatë, për çdo gjë që thuhet, bëhet ose neglizhohet, ne kemi një mendim të përbashkët nëse çdo fjalë, veprim ose neglizhencë përshtatet me bazat e së mirës, vërtetës dhe së bukurës, ashtu si çdo njeri i njeh ato. Muratorët e Lirë janë gjithmonë të gatshëm që, në mënyrë kritike, të pyesin veten nëse fjalët, veprimet ose neglizhencat e tyre mund të konsiderohen si të drejta në dritën e vlerave muratorike. Sa më shumë njerëz të jenë të gatshëm t'i shtrojnë vetes një pyetje të tillë, aq më e mirë do të jetë gjendja e shoqërisë përkatëse dhe, si qëllim përfundimtar, gjendja e njerëzimit në tërësi. Deri në kohët e sotme, historia e njerëzimit është e mbushur me tortura të panumërta, që kanë bërë sisteme dhe individë të ndryshëm, sepse asnjëherë nuk është shtruar kjo pyetje në momentet vendimtare. Gjendja e tanishme, por edhe në të ardhmen, nuk ka si të ndryshojë nëse na mungon guximi e ndërgjegjja për të bërë këtë pyetje. Muratorët e Lirë duan që jo vetëm ata, por bashkë me shoqërinë që i rrethon, ta shtrojnë vazhdimisht këtë pyetje.

Nikolaus Schwaerzler, Mjeshtri i Madh i Lozhës së Madhe Austriake

Pasqyrë e zhvillimeve kohore

1717 Katër Lozha të Londrës bashkohen dhe krijojnë Lozhën e Madhe e parë të botës.

1723 Përgatitja për botim e Kushtetutës Muratorike (Detyrimet e vjetra) nga prifti James Anderson.

1724 Krijimi i Lozhës së Madhe së Irlandës.

1725 Krijimi i Lozhës së parë në Paris nga emigrantët anglezë.

1728 Krijimi i Lozhës së parë në Madrid nga një anglez.

1730 Krijimi i Lozhave të para në Afrikën e Veriut, nga emigrantët anglezë. Krijimi i Lozhës së parë koloniale angleze në kontinentin indian.

1731 Franz Stephan, Dukë nga Lothringen, që nga 1737-a ishte burri i Perandoreshës Maria Theresia, ndërsa nga1745-a Perandori romako-gjerman, Franz I, pranohet në Lidhje në një Lozhë angleze në Den Haag.

1731 Krijimi i Lozhës së parë në Rusi nga anglezët, në St. Petërsburg. Në këtë moment janë 104 Lozha, të cilat janë anëtare të Lozhës së Madhe të Anglisë.

1733 Krijimi i Lozhës së parë në Firence.

1735 Krijimi i Lozhës së parë në Pragë.

1736 Krijimi i Lozhës së Madhe së Madhe të Skocisë.

1737 Krijimi i Lozhës së parë në Hamburg, e cila, që prej vitit 1740, është quajtur Lozha Absalome. Ndalimi i Muratorëve të Lirë në Francë dhe në Toskanë.

1738 Princi i kurorës, Friedrich, (nga viti 1740, Mbreti Friedrich i II, i Madhi) pranohet në Lidhje në rezidencën e tij në Rheinsberg; Papa Clemensi XII për herë të parë nxjerr bullën kundër Muratorisë së Lirë, ku "In eminenti" ishte në vazhdimësi të viteve e u ndoq nga papë të tjerë. Ndalimi i Muratorisë së Lirë në Hamburg, Venedik, Spanjë, Portugali dhe Poloni.

1739 Inkuizicioni ndjek Muratorinë e Lirë në Italinë e Veriut, në Spanjë dhe në Portugali.

1740 Mbreti Friedrich II (i Madhi) krijon në Berlin Lozhën - më vonë Lozhë e Madhe – "Aux Trois Globes" (Te tri globet) dhe pranon publikisht anëtarësinë e tij në Muratorinë e Lirë.

1742 Krijimi i Lozhës së parë në Vjenë, Lozha "Aux Trois Canons", që pas 6 muajsh, me urdhër të Perandoreshës Maria Theresia, u "mbyll", por që ishte aktive në fshehtësi.

1747 Krijimi i Lozhës së parë në Lemberg, Ukrainë.

1748 Ndalimi i Muratorisë së Lirë në Turqi.

1751 Krijimi i një Lozhe të Madhe të dytë në Londër, që më vonë u quajt "Ancients" (të vjetrit), si kundërpërgjigje e Lozhës së Madhe së vitit 1717, e quajtur "Moderns".

1754 Krijimi i "Strikten Observanz" në Gjermani.

1755 Krijimi i Lozhës së Madhe së Francës.

1756 Krijimi i Lozhës së Madhe së Holandës së Bashkuar.

1759 Krijimi i Lozhës së parë në Kroaci (Glina).

1766 Perandoresha Maria Theresia ua ndalon me

ligj të gjithë nëpunësve të perandorisë anëtarësinë në vëllazëritë Muratorike, në Lidhjen e Trëndafilshartonjësit (Rosenkreuzer); Johan Gott Fried Herber pranohet në Lozhën "Zum Schwert" (Te shpata) në Riga.

1770 Krijimi i Lozhës së Madhe së shteteve gjermane të Muratorisë së Lirë Gjermane në Berlin nga Johan Wilhel Kellner von Zinnendorf, me një ritual bazuar në stilin e modifikuar të Lozhave kristiane suedeze.

1771 Pranimi i Gotthold Ephraim Lessing në Lozhën "Zu den drei Rosen" (Tek tre trëndafilat) në Hamburg.

1773 Krijimi i Grand Orient de France.

1775 Krijimi i Draskovic - Observanz në Hungari.

1776 Perandori Franz Joseph II nuk pranon të bëhet Murator i Lirë, Deklarata e Pavarësisë së SHBA-së dhe Krijimi i Urdhrit të Iluminatëve.

1777 Krijimi i Lozhës së Madhe provinciale austriake, nën patronazhin e Lozhës së Madhe së shteteve gjermane, dhe krijimi i Lozhës së parë në Insbruk, Austri.

1778 Filozofi Volter (Voltaire) pranohet në Lidhjen e Parisit.

1780 Johan Wolfgang Goethe pranohet në Lidhjen e Weimarit.

1781 Krijimi i Lozhës vjeneze "Zu Wahren Eintracht" (Te Lidhja e Vërtetë).

1782 Lozha e parë në tokën Sttyriane të Austrisë (Krijimi në Marburg, më vonë transferohet në Graz).

1783 Krijime Lozhash në Insbruk, Klaugenfurt, Linz, Salzburg, Wien, në tokat e perandorëve Habsburge.

1784 Krijimi i Lozhës së Madhe së vendeve austriake me shtatë Lozhat e saj provinciale. Wolfgang Amadeus Mozart pranohet në Lidhje në Vjenë. Duka Karl-Theodor von Bayern ndalon me ligj të gjitha vëllazëritë e fshehta. Krijimi i Orientit të Madh të Polonisë dhe Lituanisë. Për herë të parë në Vjenë publikohet revista "Journal fur Freimauern" (Revista për Muratorinë e Lirë). Në Boston krijohet Lozha e parë për zezakët (Prince Hall Logen).

1785 Joseph Haydn dhe Leopold Moxart (Babai i Moxartit) pranohen në Lidhje. Perandori Joseph II publikon ligjin nr. 1043 "E Drejta e Muratorëve të Lirë", nëpërmjet të cilit uli numrin e Lozhave në perandorinë e tij.

1791 Në Vjenë ngjitet në skenë opera e Moxartit "Fyelli magjik" (Die Zauberflote).

1794 Mbyllja e atyre pak Lozhave që kishin mbetur në Vjenë.

1795 Ndalimi i Muratorisë së Lirë në territoret austro-hungareze.

1798 Krijimi i Lozhës së Madhe së tretë Prusiane, Royal York në Berlin. Mbreti Friedrich Wilhelms III ndalon me ligj shoqëritë sekrete, me përjashtim të tri Lozha e Madheve prusiane dhe bijave të tyre.

1801 Franci II u ndalon me ligj të gjithë nëpunësve të perandorisë anëtarësimin në çdo lloj shoqërie sekrete. Në Charleston (USA) themelohet Këshilli i Lartë i të Vjetërve, të Pranuarve dhe Riti Skocez, i cili më vonë u quajt "Mother Council of the World".

1803 Cari Aleksandër shfuqizoi ligjin që ndalonte krijimin e Lozhave në Rusi.

1811 Krijimi i Lozha e Madheve të Hamburgut, Bayreuth e Sachsen.

1813 Lozha e Madhet Angleze "Moderns" dhe "Ancient" bashkohen në një Lozhë e Madhe të vetme "Lozha e Madhe e Bashkuar Angleze".

1814 Ndalimi i Lozhave në Itali e Spanjë.

1823 Në Gjermani, Lidhja Eklektike shndërrohet në Lozhë e Madhe. Krijimi i Lozhës së Madhe së parë amerikano-jugore në Brazil.

1824 Krijimi i Lozhës së Madhe së parë edhe në Amerikën Qendrore, në Haiti.

1829 Krijimi i Lozhës së Madhe "Zur Sonne" (Te Dielli), në Bayreuth (Gjermani).

1841 Franz Liszt pranohet në Lidhje në Frankfurt am Main.

1844 Krijimi i Lozhës së Madhe zvicerane "Alpina".

1846 Krijimi i Lozhës së Madhe "Zur Eintracht" (Tek Uniteti), në Darmstad (Gjermani).

1858 Krijimi i Lozhës së Madhe së Danimarkës.

1859 Krijimi i Lozhës së Madhe së Portugalisë.

1861 Krijimi i Orientit të Madh të Italisë.

1868 Krijimi i Orientit të Madh të Spanjës, si edhe Orientit të Madh të Greqisë.

1870 Krijimi i Lozhës së Madhe së Hungarisë.

1871 Krijimi i Lozhës së parë austriake të kufirit, për arsye të ligjeve të ndryshme mbi shoqatat që ekzistonin në Hungari dhe Austri. Shoqatat civile gjendeshin në Vjenë, puna rituale bëhej në tokën hungareze, ku deri në vitin 1918 u krijuan 18 Lozha të tilla austriake, nën ombrellën e Lozhës së Madhe së Hungarisë.

1877 Krijimi i Lozhës së Madhe së Australisë.

1886 Bashkim i dy Lozha e Madheve hungareze.

1891 Kongres kundër Muratorëve të Lirë në Trieste të Italisë, ku në qendër të vëmendjes ishte Leo Taxil, që në vitin 1885 kishte botuar libra kundër Muratorëve të Lirë dhe në vitin

1897 e pranon që kishte mashtruar.

1897 Dita kundër Muratorisë në Vjenë, nën drejtimin e kardinalit, Anton Grusha.

1903 Evenimenti i hapjes së një "Zyre informacioni mbi Muratorinë Botërore", në Zvicër.

1905 Krijimi i "Universal FraMuratora Ligo", Lidhje e Muratorëve që flasin gjuhën esperanto, që më 1913-n themeloi "Liga Universale e Muratorisë" (UFL), bashkësi ndërkombëtare e Muratorisë. Gjykata perandorake nuk lejon të krijohen Lozha Muratorike në Vjenë.

1907 Krijimi i Lidhjes Muratorike "Zur Aufgehenden Sonne" (Te dielli në ngritje), në Nürenberg.

1913 Krijimi i Lozhës së Madhe Kombëtare të Francës.

1918 Krijimi i Lozhës së Madhe së Vjenës, nga 14 Lozhat e kufirit.

1919 Shpërbërja nga organet regresive qeveritare e Lozhës së Madhe Simbolike të Hungarisë. Krijimi i Lozhës së Madhe së Jugosllavisë në Zagreb.

1920 Krijimi i Lozhës së Madhe (gjuhë gjermane) "Lessing zu den drei Ringen" në Çekosllovaki dhe krijimi i Lozhës së Madhe norvegjeze "Polarstjernen".

1921 Krijimi i Association Maconique International (AMI), një bashkësi ndërkombëtare e Lozha e Madheve. Krijimi i Lozhës së Madhe kombëtare polake.

1923 Krijimi i Lozhës së Madhe kombëtare çekosllovake; krijimi i Lozhës së Madhe kombëtare të Rumanisë.

1925 Ndalimi i Muratorisë së Lirë në Itali. Krijimi i Lozhës së Madhe së Finlandës. Krijimi i Orientit të madh të Rumanisë.

1929 Lozha e Madhe e Bashkuar e Anglisë publikon 8 parimet themelore (Basic Principles), që duhen të plotësohen nga një Lozhë e Madhe për t'u pranuar nga ana e saj (më 1989-n, këto parime u aktualizuan edhe një herë).

1930 Krijimi i Lozhës së Madhe simbolike të Gjermanisë.

1933 Lozha e Madhet gjermane ose do të shpërbëhen me dëshirën e tyre, ose do të rikthehen në urdhra nacionalo-kristiane, nëse duan të mbijetojnë. Në vitin 1934-1946, edhe këto bashkësi ndalohen nga regjimi në fuqi.

1937 Në një referendum popullor të organizuar në Zvicër nuk pranohet ndalimi i Muratorisë së Lirë.

1938 Ndalimi i Muratorisë së Lirë në Austri.

1945 Fillimi i rikrijimit të Muratorisë me Lozha e Madhet e saj në Gjermani dhe në Austri.

1948 Vendimi historik i Kombeve të Bashkuara për të drejtat e njeriut në të gjithë botën.

1949 Krijimi i Lozhës së Madhe së Bashkuar gjermane (më vonë A.F.A.M.), me pjesëmarrjen e 174 Lozhave të dala nga 9 Lozha e Madhe. Gjatë vitit 1955 publikohet dhe "Magna Charta" e Muratorisë gjermane.

1954 Libri i Kryemjeshtrit austriak, Bernhard Scheichelbauer "Die Johannisfreimaurer" (Muratorët e Shën Gjonit) vendoset në listën e librave të ndaluar nga ana e Vatikanit.

1958 Krijimi i "Lozha e Madheve të bashkuara gjermane", një Lidhje që përmbledh pothuajse të gjitha Lozha e Madhet që punojnë në Gjermani e që deri më 1970-n iu bashkëngjitën të gjitha Lozha e Madhet e mbetura.

1970 Deklarata e Lichtenauer-it për dialogun mes kishës dhe Muratorisë së Lirë.

1974 Krijimi i Muzeumit të Muratorisë, Kështjella e Rossenauerit, në Austrinë e Poshtme.

1980 Konferenca e arqipeshkëve gjermanë vë në dukje mosmarrëveshjet midis kishës e Muratorisë së Lirë.

1981 Kongregacioni i Vatikanit bëri me dije se kush hynte në radhët e Muratorisë së Lirë do t'i duhej të llogarisë përjashtimin prej kishës. Ky dekret u përsërit edhe njëherë një natë përpara se të hynte në fuqi "Clozhex Iuris Canonici" i ri.

1983 Hyn në fuqi e drejta kishtare e re "Clozhex Iuris Canonici", dokument ku s'përmendet me eksplicit përjashtimi nga kisha i Muratorëve të Lirë.

1989 Rikrijimi i Lozhës së Madhe simbolike të Hungarisë.

1990 Rikrijimi i Lozhës së Madhe së Çekosllovakisë dhe Lozhës së Madhe së Jugosllavisë në Beograd.

1990 Rikrijimi i Lozhës së Madhe së Rusisë.

1993 Rikrijimi i Lozhës së Madhe Kombëtare të Rumanisë.

1994 Kongresi i 60-të Botëror i Ligës Universale të Muratorisë (UFL) në Vjenë.

1997 Krijimi i Lozhës së Madhe së Kroacisë.

1999 Krijimi i Lozhës së Madhe së Sllovenisë.

2002 Primasi i Kishës Anglikane, Muratorinë e Lirë e emërton si të papranueshme për kristianizmin.

2003 Krijimi i Lozhës së Madhe së Lituanisë.

Literaturë ndihmëse

Nga një larmi e gjerë tekstesh mbi Muratorinë e Lirë, autori këshillon këto botime, të cilat i ka përdorur, pjesë-pjesë, si burim informacioni për këtë libër.

Titujt e mëposhtëm janë lënë në gjuhën origjinale, pasi nuk ekzistojnë të përkthyera në gjuhën shqipe.

Abafi (Aigner), L.: Geschichte der Freimaurerei in Österreich-Ungarn, 5 Bände (Budapest 1890 – 1899)

Adler, M.: Die Sohne der Finsternis (Jestetten 1975)

Appel, R./Möller, D.: Was ist Freimaurerei? (Hamburg 1975)

Baresh, K.: Katholische Kirche und Freimaurerei (Wien 1983)

Bauer, W. (Hrsg.): Lexikon der Symbole (Wiesbaden 1985)

Bauernjöpel, J.: Freimauerhandschrift aus dem 18 Jahrhundert (Faksimile-Ausgabe Graz 1986)

Biedermann, H.: Das verlorene Meisterwort (Graz/ Wien/Köln 1986)

Binder, D.: Die Diskrete Gesellschaft (Graz/Wien/Köln 1988)

Bokor, Ch.v.: Winkelmass und Zirkel (Wien-München1980)

Dierickx, M.: Freimaurerei – Die Grosse Unbekannte (Hamburg 1975)

Frick, K. R. H.: Die Erleuchteten (Graz 1973)

Frick, K. R. H.: Licht und Finsternis 2 Bände (Graz 1975/78)

Hendrikson, K. H.: Freimaurerische Lebenskunst (Stuttgart 1991)

Holtorf, J.: Die verschwiegene Bruderschaft (München 1983)

Kataloge der Freimaurer-Museen Rosenau und Bayreuth

Kloss, G.: Geschichte der Freimaurerei in England, Irland und Schottland (Leipzig 1848, Nachdruck Graz 1971)

Kloss, G.: Geschichte der Freimaurerei in Frankreich, 2 Bände (Darmstadt 1852-53, Nachdruck Graz 1971)

Kosellek, R.: Kritik und Krise. Eine Studie zur Pathogenese der bürgerlichen Welt.

Kues, G/ Scheichelbauer, B.: 200 Jahre Freimaurer in Österreich (Wien 1959)

Lachmann, H./ Schiffmann, G. A.: Hochgrade der Freimaurer (Braunschweig 1866 und Leipzig 1878 und Leipzig 1882, Nachdruck von drei Werke in einem Band Graz 1974)

Lennhoff, E.: Die Freimaurer (Wien/München 1981, Nachdruck der Ausgabe von 1929)

Lennhoff, E/ Posner, O.: Internationale Freimaurer-Lexikon (Graz 1965, Nachdruck der Ausgabe von 1932)

Lessing,G. E.: Ernst und Falk — Gespräche für Freimaurer (Hamburg 1981)

Lindner, D.:Ignaz von Born — Meister der Wahren Eintracht (Wien 1986)

Lindner, E. J.: Die königliche Kunst im Bild (Graz 1976)

Mellor, A.: Logen — Rituale- Hochgrade (Graz 1976)

Mellor, A.: Unsere getrennten Brüder Die Freimaurer (Graz 1964)

Miers, H. E.: Lexikon des Geheimwissens (Augsburg 1986)

Neuberger, H.: Freimaurerei und Nationalsozialismus, 2 Bände (Hamburg 1980)

Oberheide, J.: Logengläser (Graz 1983)

Reinalter, H.: Freimaurer und Geheimbünde im 18 Jahrhunder in Mitteleuropa (Frankfurt 1983)

Rogalla von Bieberstein, J.: Die These von der jüdisch-freimaurerischen Weltverschwörung (Bern 1976)

Rosenstrauch, E.: Freimaurerei im Josephinischen

Wien (Wien 1975)

Scheichelbauer, B.: Die Johannisfreimaurerei (Wien 1953)

Valmy, M.: Die Freimaurer (München 1988)

Vogel, Th.: Die ungeschriebenen Gesetze der Freimaurerei (Franfurt/Main 1950)

Zirkel und Winkelmass, Katalog zur Ausstellung „200 Jahre Grosse Landesloge der Freimaurerei" (Wien 1984)

Zörrer/Klein/Gallop: Bruder Wolfgang Amadeus Mozart, Katalog des österreichischen Freimaurermuseums, Schloss Rosenau, Sonderausstellung 1990/91)

www.ingramcontent.com/pod-product-compliance
Lightning Source LLC
Chambersburg PA
CBHW031319160726
47993CB00001B/478